"体贴"的算法
数据如何重塑生活空间

[美] 马克·谢泼德 著
李楚菡 译

Mark Shepard

THERE ARE NO FACTS
Attentive Algorithms, Extractive Data Practices,
and the Quantification of Everyday Life

中国科学技术出版社
·北 京·

There Are No Facts: Attentive Algorithms, Extractive Data Practices, and the Quantification of Everyday Life by Mark Shepard, ISBN:9780262047470.
© 2022 Mark Shepard
All rights reserved. No part of this book may be reproduced in any form by any electronic or mechanical means（including photocopying, recording, or information storage and retrieval）without permission in writing from the publisher.
This book was produced with the support of the Graham Foundation for Advanced Studies in the Fine Arts.
Simplified Chinese translation copyright © 2024 by China Science and Technology Press Co., Ltd.

北京市版权局著作权合同登记　图字：01-2024-4142

图书在版编目（CIP）数据

"体贴"的算法：数据如何重塑生活空间 /（美）马克·谢泼德 (Mark Shepard) 著；李楚菡译 . -- 北京：中国科学技术出版社 , 2024. 10. -- ISBN 978-7-5236-0981-1
Ⅰ . C913-39
中国国家版本馆 CIP 数据核字第 2024F4J205 号

策划编辑	刘　畅　屈昕雨	责任编辑	孙倩倩
封面设计	周伟伟	版式设计	蚂蚁设计
责任校对	张晓莉	责任印制	李晓霖

出　　版	中国科学技术出版社
发　　行	中国科学技术出版社有限公司
地　　址	北京市海淀区中关村南大街 16 号
邮　　编	100081
发行电话	010-62173865
传　　真	010-62173081
网　　址	http：//www.cspbooks.com.cn

开　本	880mm×1230mm 1/32
字　数	195 千字
印　张	8.25
版　次	2024 年 10 月第 1 版
印　次	2024 年 10 月第 1 次印刷
印　刷	北京盛通印刷股份有限公司
书　号	ISBN 978-7-5236-0981-1/C·269
定　价	69.00 元

（凡购买本社图书，如有缺页、倒页、脱页现象，本社销售中心负责调换）

致

罗莎莉亚·苏珊

(Rosaria Susan)

目 录　CONTENTS

引言　/　001

第一部分　实践

第一章　另类事实　/　035
第二章　地面构想　/　056
第三章　数据倦怠　/　076

第二部分　情境

第四章　人工栖居　/　091
第五章　假性相关　/　112
第六章　从工具到环境　/　132
第七章　（错误的）都市权　/　149
第八章　诡计和利用　/　173
第九章　疫情例外论　/　191
第十章　尾声　/　214

参考文献　/　231
致谢　/　255

引　言　　INTRODUCTION

　　2016年,"后真相"(post-truth)被《牛津词典》评选为年度热词。定义指出,该词用于形容"客观事实引导公众舆论的效果不如情感和个人信仰的情形"。2016年恰逢美国总统选举和英国脱欧公投。当时的美国总统候选人唐纳德·特朗普(Donald Trump)声称气候变化是中国为削弱美国制造业而罗织的骗局;时任英国外交大臣的鲍里斯·约翰逊(Boris Johnson)也在公投前夕放言"英国每周要交给欧盟3.5亿英镑"。公开说谎竟然同时成了大西洋两岸国家习以为常的宣传策略。然而,正如当年《经济学人》(The Economist)9月刊的社论所述:政客们说了几百年的谎,但比说谎本身更严重的问题是我们似乎不再关心真相了。"后真相"一词的创始人是塞尔维亚裔的美国剧作家史蒂夫·特西奇(Steve Tesich)。他在1992年《国家》(The Nation)杂志中一篇讨论"伊朗门"事件舆论影响的文章中写道:"从根本上说,我们这个自由的民族自己决定要活在某种后真相的世界中。"多年后,美国喜剧艺术家斯蒂芬·科尔伯特(Stephen Colbert)提出了"真相性"(truthiness)的概念,描绘了"用脑思考却用心感知(真相)的人。"真相不能伪造和挑战,但它已退居次位",此话出自2016年《经济学人》的编者寄语。影响那年美国总统选举和英国脱欧公投等政治运动的关键因素是情绪,而非事实。

武器化的社交媒体基于受众心理分析,精准投放资讯,导致了极其分化的认知结果。通过多方协商形成的真理共识是发挥个体能动性、建立公共领域规范的基础。而随着在线事实核查服务和与之抗衡的媒体过滤算法不断激增,我们目睹了许多共识的瓦解。与此同时,各行各业、线上线下所获取的行为数据及其后续处理和营销谋利的流程产生了粒度愈发精细的微型公共空间。在大数据和机器学习主导的统计学中,"相关性取代了因果关系",信度系数的排序呈现出多种可能的未来趋势。这套认识论回避表述事实和再现空间,不发展典范模型,而支持多重领域中自行演化出的不同模型。在此背景下,地面构想(ground fiction)取代了地面实况(ground truth)❶,推断臆测取代了直接观察。

本书探究了后真相世界中人们缺乏共识的现象。笔者在近期认识论转型所产生的空间环境中勾勒出这一未知领域,尝试梳理和阐释机器学习系统以及社会网络如何传播后真相的内容。二者共同塑造了人们日常生活中的公共和私人空间,支配着其中的社会关系。书中还描述了个人和集体重新确立政治主体地位的情景,剖析了空间因素如何制约我们对世界的认知,如何影响着我

---

❶ 地面实况是一个机器学习领域的术语,指"真值"或"标准答案",其被用来校准新的测量方式。而地面构想为作者提出的,与地面实况相对的值,属于推断臆测。——编者注

引言

们的行为意志和行为方式，又如何构建出我们的生活空间并最终造就了我们。

错误信息的工厂，虚假信息的温床

　　社交媒体的普及刺激了后真相的蔓延。网络新闻的来源不断碎片化、扩散化，通过脸书（Facebook）❶、推特（Twitter）❷、"照片墙"（Instagram）定向发布、精心炮制的文案造成了错误信息的广泛传播。"匿名者Q"❸的阴谋论从互联网边缘地带火速传开，引发了主流媒体的关注。其谣言传播范围之广、影响之深，离不开一些网络论坛的推波助澜。"反数字仇恨中心"提供的《造谣十二人》（*The Disinformation Dozen*）报告显示：脸书、推特、"照片墙"散播的反疫苗洗脑包有65%都源于12名发布者。社交媒体谣言泛滥的原因通常被归为两点：一是互联网的消息来源类型多样（良莠不齐）；二是人们对事实信息缺乏判断力。这些特点也被利用于（社媒）平台的设计。算法驱动的社交媒体会（根据用户习惯）筛选推送内容，以便最大限度地获取流量，这促使后

---

❶ 现已更名为元宇宙（Meta）。——编者注
❷ 现已更名为X。——编者注
❸ 匿名者Q是一种极右翼阴谋论，认为美国政府内部存在一个反对唐纳德·特朗普总统及其支持者的深层政府。这个理论出自2017年10月某网络论坛中的一个署名为Q的匿名用户。"Q"这个名字出自美国机密许可中的最高级别"Q级许可"。——译者注

真相现象在网络中不断开疆拓土。

  研究表明，推特上虚假信息的传播速度约是真实信息的6倍。不同于传统认知，这种状况主要是人为而非计算机程序造成的（计算机程序对真实言论和虚假言论的传播效果相同）。网络社区中流传的谎言很容易被信以为真，因为社区成员们对彼此的信任度普遍胜于众所周知的主流媒体。能反映人们先入之见的信息会被迅速采纳，这种倾向就是所谓的"确认偏误"（confirmation bias）。而当面对挑战信念的证据时，许多人仍倾向于挖空心思、加倍地支持自己原来的立场。剑桥分析（Cambridge Analytica）是一家参与了特朗普选举和英国脱欧运动的政治咨询公司。该公司里精通社会人群心理划分和定位的专家们充分认识到了人们的心理倾向。他们能识别特定人群的心理弱点并加以操纵，随后再以煽动性的传媒资讯在这些人群中进行精准投放（这些被挑衅或被激怒的人并不在乎内容是否真实）。剑桥分析公司的专家声称，他们能够有效促使特定人群变得更加激进，动员其去投票，从而让舆论导向有利于客户。

  在2016年震耳欲聋的舆论抨击声中，英国议会和美国国会对剑桥分析公司的告密者克里斯托弗·怀利（Christopher Wylie）和脸书创始人兼首席执行官马克·扎克伯格（Mark Zuckerberg）举行了公开听证会，由此揭露了"惊天内幕"，引发了慷慨激昂的改革呼声。其结果之一是社交媒体和网络新闻平台开始引入事实核查服务。根据《华盛顿邮报》（The Washington Post）的事实核查统计，特朗普总统仅在上任后的一百天内就发表了492条虚假言论，在其整个任期内更发布了不少于30 573条。脸书推出

引 言

"第三方事实核查"项目,由独立机构负责揭穿虚假新闻故事,并承诺让其用户知情,同时降低相关帖子的热度排名。扎克伯格在 2019 年秋季的国会证词中指出,脸书在与虚假新闻艰苦斗争的过程中试图采用算法和人工结合的审查办法。

然而,依靠社会技术系统筛选真相是解决这一认识论难题的最佳方式吗?

社会学家兼科技研究者诺尔特·马雷斯(Noortje Marres)在讨论"为什么我们不能回到事实"的话题时说:"我们应该激发何种公共知识的理念,才能保证公共话语尊重事实?我们应让事实在公共领域发挥哪些作用?"在谈到在线事实核查服务时,她质疑这些技术究竟是在帮助还是阻碍一个基于事实的公共领域的复兴。真理符合论的哲学模型通过逻辑和实证主义的程序将合法与非法的知识主张区分开来。这些事实核查技术重新唤起了人们长期以来对于知识主张应如何(以及由谁)验证的关注。我们意识到不久前大家还在担心:基于证据的政治辩论会将权力完全局限在专家领域内而置于公共领域之外。诺尔特·马雷斯认为这种情形又回归到知识划界的问题,即需要区分和认定哪些人具有合格的认知能力。她将这种做法视为实现公共辩论中的社会包容以及推进知识民主进程中的倒退之举——它围绕精英阶层对知识领域享有特权的观念,进一步激化了派系矛盾。

没有事实,只有解释

也许人们现在开始意识到哲学家并不是可有可无的存在。有时候观点会导致现实中可怕的后果。我认为后现代主义者的所作所为真的很邪恶。当今知识界中批判真相和事实的风气盛行，有些人甚至还引以为傲，这些人应对此负责。

——丹尼尔·丹内特（Daniel Dennett）

法国哲学家让·利奥塔（Jean Lyotard）将后现代主义定义为"对元叙事的质疑"。据此，有关科学整体的宏大叙事被相互竞争的多元微观叙事所取代，追求真相的科学使命被提高表现和效率的方法所掩盖。以美国哲学家丹尼尔·丹内特为代表的学者们认为：占了上风的相对主义和后现代主义思想是我们这个后真相时代的基石。针对实证主义"只有事实"的说法，尼采提出了著名的反驳："不，不存在的反而是事实，存在的只有解释。"这句话出自尼采死后发表的文章，这一观点在他的著作中经常以不同的表述呈现，并在他的《从道德之外的意义看真理和谎言》（*Truth and Lie in an Extramoral Sense*）一文中得到了全面阐释。尼采的批评者们认为，这一言论不仅标志着后现代主义的诞生，还突出了尼采本人作为一个哲学家的短板。"没有事实，只有解释"与其他任何相对主义的说辞一样必然涵盖其本身。只有解释的"事实"本身就受制于解释，因而不能被证实。

还有人表示这种批评之声严重地过度简化了问题。德国哲学家赫尔穆特·海特（Helmut Heit）提醒我们：尼采的论述旨在削弱实证主义中的绝对真理概念。他本人支持的是一种具有相对主义色彩的"自我反思的、多元的、温和的认识论态度"。海特写道："与某些相对主义的陈词滥调有所不同的是，尼采不认为每种

'观点'都同等有效,他发展且运用了各种解释和论证的标准。这些标准不是绝对的,但能对知识主张作出有效评估"。因此,真相是后真相唯一出路的说法本身就是一种错误的对立,它遮蔽了有根据的价值判断对于政治和文化的重要意义。

哲学家、社会学家、人类学家布鲁诺·拉图尔(Bruno Latour)颠覆了传统哲学对事实(科学知识)和价值(人类判断)的二元区分。在拉图尔看来,科学事实是科学探索的产物。他与史蒂夫·伍尔加(Steve Woolgar)1979年合著出版的《实验室生活:科学事实的建构过程》(Laboratory Life: The Construction of Scientific Facts)一书展示了事实是如何通过实验室中科学家们的日常实践生产出来的。拉图尔和伍尔加认为事实的有效性不是基于固有的真实性,而是基于由行为人、事物、机构、实践所组成的建构事实的合力。事实更具有社会网络化的特征。更多人物和事物参与生产的事实往往有效性更高,反之亦然。这里的有效性代表着一种更广义的社会组织功能。

批评者们认为,拉图尔和伍尔加通过说明事实往往是混乱的人类行为产物,发展出一种极其有害的相对主义形式,这很快就被愤世嫉俗的保守派挪用。

我们所见的气候变化否定者以及其他反科学立场的兴起就是典型的例子。拉图尔也反击了此类批评,他认为"事实只有依托于共同义化、具有公信力的机构、大致体面的公共生活、大致可靠的媒体环境才能保持强大的生命力"。问题是现在有些人不再相信共同体的存在。至少在拉图尔看来,一切由此而改变。"这已经不再是如何学会修复认知缺陷的问题,"他写道,"而是如何生活在同一个世界，分享共同的文化，面对共同的利害关系，感知可被共同探索的景观的问题。"

疏散的公共空间，解构的公共领域

本书的主题势必会探究拉图尔所谓的人们无法"感知可被共同探索的景观"的现象。这些问题不仅关乎疏离的公共物理空间，还涉及感知解构公共领域的无形条件。如果公共空间不再是地缘上的公共领域，那什么才是构成真理的基础？应该依据什么对当今的真理主张进行溯因、论证和检验（或证伪）？基于政治和认知的设计，作为部署工具的机器学习和人工智能对公众进行了战略性切割，我们又该如何理解"共识"？如果代议制和协商的传统场所被分解成多个数字化的媒介环境，而这些环境中并不包括现已退化的物质性基础设施——恰恰是最初塑造"公共"概念的根本，那么我们又该如何理解"公共领域"呢？

以上这些都不是新问题，但在近期的事件和促使事件酝酿、发生、分享、传播的社会技术系统影响下，这些问题也呈现出新的特征。我在后续章节中会谈到解释上述"拉图尔难题"的技术、工具、技巧和方法，但它们绝不是中立的。它们本身可能会扩散各种形式的偏见、歧视和分歧，而我们必须对此作出说明。计算机专家乔伊·博拉姆维尼（Joy Buolamwini）和蒂姆尼特·格布鲁（Timnit Gebru）指出，商业化的面部识别系统不能有效识别有色人种的女性。越来越多的研究显示智能预警系统正在系统性、永久性地强化种族主义。此外，社会学家鲁

引言

哈·本杰明（Ruha Benjamin）、媒介理论家许景春等研究人员还讲述了如何长期通过具体规划、范式设计和其他技术手段实施对某些人群的社会控制。的确，今天的公共领域并不是由德国哲学家汉娜·阿伦特（Hannah Arendt）所谓的显现空间（space of appearance）构成的。在显现空间中，我们每个人都将自身一切鲜活的差异性呈现在彼此面前以供评议。然而，今天的我们更像是生活在"监控空间"（space of surveillance）中。这不仅包括法国哲学家米歇尔·福柯（Michel Foucault）和吉尔·德勒兹（Gilles Deleuze）所关切的纪律和管控机制，还包括最新的监控技术手段。正如哈佛商学院前教授、社会心理学家肖莎娜·祖博夫（Shoshana Zuboff）所说："监控资本主义运用科技提取大众的行为数据，事关重大。"我们所面临的挑战是如何在当代各种共享、融合的空间中清晰地划分出新兴的显现空间。公众在这些空间中聚集。这些空间也需要横向延伸，对抗被监控纵向撕裂的分割现状。据此，我们应该持续斗争，支持制定更多的赋权措施，建构稳定的集体身份。

认识空间的方式

解决这一问题需要建构一个空间框架，这也涉及本书中探讨的场域和情境。关注这些背景的空间性不仅要从社会经济视角——控制工具或资源重新分配的副产品——来考虑，也要以政治和环境视角——地方机制设计和管理工具所介导的空间实践——来考虑，理解其中发挥作用的治理术（统治理性）。

福柯从社会可控的战略及策略角度定义了治理术的概念，并强调了各种权力形式和主体化过程之间的密切联系。正如社会学家托马斯·莱姆克（Thomas Lemke）在追踪福柯的概念发展谱系时所指出的，"除了国家或行政部门的管理外，'治理'的外延还包含自我控制、对家庭和儿童的指导、家政管理、思想建设等"。在阐述权力的纪律机制时——无论是18世纪瘟疫暴发期间法国政府对城镇的管理，还是在格雷戈里·边沁（Gregory Bentham）的圆形监狱蓝本设计——福柯将其描述为空间的（重新）配置。福柯"治理术"概念下的空间、权力、主体性是不可分割的。如何认识空间，如何在空间中探寻后真相领域的认识论分裂以及由此产生的主体定位问题，对我们来说至关重要。

历史上传统的西方认识论将空间知识根据理解方式分为通过纯粹理性理解和通过经验理解的两类。从柏拉图和毕达哥拉斯的理想几何模型，到勒内·笛卡儿（René Descartes）的绝对空间论，再到伊曼纽尔·康德将空间作为一种纯粹的直觉形式，各种各样（往往有所矛盾）的论点都将先验的空间知识和来自经验的空间知识加以区分。其他学者比如批判笛卡儿二元论的哲学家吉尔伯特·赖尔（Gilbert Ryle）主张用发展的眼光看问题。他声称明确地分离人们认识空间的不同方式（即便这样做并非不可能）会适得其反，因为经验知识塑造了认知架构，反过来认知架构也为经验知识提供依据。由此可见，空间认知与具身经验的对话会随着时间推移而演变。

这些认识空间的方式当然也是认识我们自身与空间关系的方

式。哲学家亨利·列斐伏尔（Henri Lefebvre）在其力作《空间的生产》(The Production of Space）中写道："随着笛卡儿逻辑的出现，空间已成为绝对的范畴。主体与客体相对应，'思维物'（res cogitans）与'广延物'（res extensa）对立存在❶。空间通过包含它们，支配了所有感官和所有物体。"与此相反，康德所述的空间在其所有的对应关系中都属于"主体"的先验领域，即意识的所在地。这也反映出空间本质的理想化、内在化和超验性。因此，空间认识论定义了一个主体与一个世界的关系，它包括主体存在于这个世界的前提条件以及主体在这个世界中运动和行动的局限性。

心理学家让·皮亚杰（Jean Piaget）在讨论年幼的我们如何通过身体感觉运动来理解空间时提出了"物体恒存"的概念。"物体恒存"的认知是将物体视为独立于自我的，存在于空间某一特定位置或沿某一特定轨迹移动的客观实体。皮亚杰认为理解"物体恒存"是个人成长的必修课。这种意识并非与生俱来，而是在我们童年早期发展起来的。皮亚杰观察了婴儿看到最喜欢的物品（如玩具）被毯子掩盖后的反应。那些伸手去抓毯子下面物体的婴儿被认为已经懂得了"物体恒存"，而那些感到困惑和不

---

❶ 广延物、思维物和上帝是勒内·笛卡儿在他的笛卡儿式本体论（一般也被称为"彻底的二元论"）中提出的三种实体。在拉丁语中，"res extensa"意指"延展的东西"。笛卡儿也经常把这一概念翻译为"物质实体"（corporeal substance）。在笛卡儿的"实体－属性"模式的本体论中，广延是物质实体的空间属性，即所谓的长宽高。与思维物不同，凡是物质必然占据空间，因此它们也被称为广延物。——译者注

知所措的婴儿则还未发展出这种意识。这些具身经验促使我们能够理解物体为什么会在空间中持久存在。

我们在超越身体的尺度上发展了认知能力，并通过这些能力在空间中定位、定向和导航。我们在空间中决策的依据来自日常环境中累积的空间性理解，比如我们如何去上班，如何去拜访朋友和家人，如何在杂货店的过道上通行。这些空间行为不是依赖于头脑中理想化的空间表征，而是依赖于我们日常空间实践获得的知识。这种知识是我们基于特定空间中的空间关系和组织特征发展而来的心理图示，它所形成的过程常被称为"认知图绘"。

在《后现代主义或晚期资本主义的文化逻辑》（*Postmodernism, or, the Cultural Logic of Late Capitalism*）一书中，哲学家弗雷德里克·詹姆逊（Frederic Jameson）讨论了城市规划师凯文·林奇（Kevin Lynch）有关"认知图绘"的经典著作《城市意象》（*The Image of the City*）。在谈到城市地图的比例尺时，詹姆逊指出认知图绘的作用是"使个人主体对更广大的、一定程度不可被代表的整体性形成可能的、情境化的认识，这种整体性正是城市结构元素的集合体"。他列举了林奇在某些美国城市中发现的异化现象，"人们处于某些空间中无法（在他们的头脑中）描绘自己的位置或城市的整体概貌……这种情况下没有任何传统的标志（纪念碑、节点、自然边界、建筑视角）可供参考"。詹姆逊希望超越城市的尺度，在全球范围内推广其理论。他将林奇的认知绘图称为"制图前的作业"，其结果相当于"传统上所描述的行程而不是地图，包括航海路线、海况图，以及古代记录下沿海特征的波特兰

引言

海图❶——特供很少冒险出海的地中海航海家使用"（见图 0-1）。

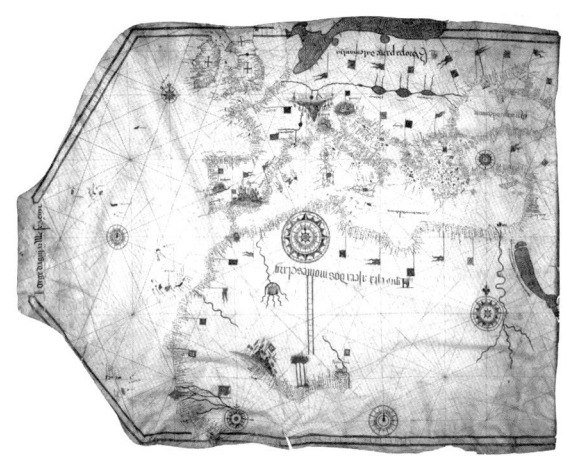

图 0-1　豪尔赫·德·阿吉亚尔（Jorge de Aguiar）绘制的地中海、西欧和非洲沿岸的海图（1492）
资料来源：耶鲁大学拜内克古籍善本图书馆（Beinecke Rare Book and Manuscript Library）提供。

随着罗盘、六分仪、经纬仪等现代导航仪器的引入，詹姆逊发现在这一过程中掺入了一个新的坐标——与整体的关系，因为这些仪器都是通过与宇宙中的星星进行三角测量，来确定一个人在绝对空间中的位置的。詹姆逊写道："此时此刻，广义上的认知图绘需要将存在数据（主体的经验定位）与地理整体性的、非生

---

❶ 波特兰海图是亚平宁半岛的航海家写实地描绘港口和海岸线的航海图，以利使用罗盘领航。现存法国国家图书馆的"比萨航海图"，约莫绘制于 1290 年，是最早的罗盘航海图。——译者注

命体验的抽象概念相联系。"这里的导航工具便成了联结理想化的、先验性的空间知识与来自经验的空间知识之间的纽带。

列斐伏尔试图将这种理想化的"逻辑-数学"精神空间与通过表征空间体现"真实"的空间实践联系起来。换言之，这样的空间也是人们"通过联想的形象和符号直接生活的空间"。表征实践包括说话、写作、绘画、制图和其他涉及符号和记号系统的交流行为。它们促成了认识空间的不同方式，并促成了不同形式的社会认知，增进了我们交流、分享知识和相互学习的能力。我们如何认识周围的世界以及我们在其中的位置取决于在不同文化体系中占主导地位的心智模式。这些心智模式本身就是通过借助一些工具、设备、表征技术产生的空间认知而被人知晓或塑造的。观察性的设备创造了主要反映在身体尺度上的感知条件，人们通过这些条件来理解空间。然而，表征技术往往涉及空间的整体性，这导致其不能从单一据点被感知，而要通过较长时间段的空间运动或者通过纳入更复杂的信息系统来理解。

今天这些仪器、设备、技术越来越多地被机器学习算法所驱动。算法的运行依托于各行各业提供的海量数据，其原理是通过比较从某一物体（事件）中提取的特征与从数百、数千甚至数百万个现实例子中提取的数据集，来训练机器感知世界的能力，作出判断。这种与特定物体（事件）相关的属性或特征的集合被称为"特征空间"（feature space）。特征空间对于任何给定的数据集都是一个 n 维空间（其中 $n=$ 特征的数量），包含了从这些数据中任选一组特征的所有可能值。一个精心设计的特征空间由聚类分组的数据点构成，其中相似的物体（事件）彼此"更接近"，

引言

不同的则"更遥远"。算法通过归因分析"感知"全新的或是从未见过的物体（事件）。该物体（事件）与特征空间内已知体量数据的接近程度可用置信概率表达出来（见图 0-2）。

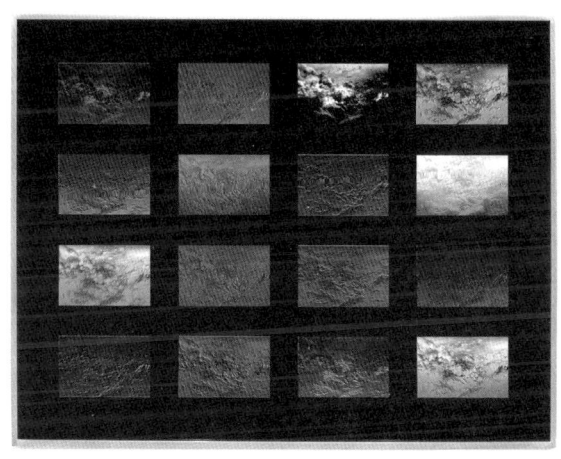

图 0-2　詹姆斯·布里德尔（James Bridle）2017 年的作品《激活》（*Actirations*）

注：这组由艺术家友情提供的系列图像映射了一个自主车辆导航系统的神经网络层。由于机器视觉系统正变得越来越不符合人类理解的逻辑，这些图像的可读性也变得越来越低。

地理学家路易丝·阿穆尔（Louise Amoore）认为这种对属性的理解是基于将人、实体、事件聚集起来的机器学习算法特征。在《云伦理》（*Cloud Ethics*）一书中，她考察了机器学习算法如何重塑当代社会的伦理和政治，谈到了在这些工作环境中的治理性问题：

对算法来说，社会和社会关系的领域只作为一系列聚类分组

015

的数据而存在，这些数据属性是由其空间接近程度和遥远程度来界定的。例如通过人口属性来管理国家其实涉及对普遍性（如共同的价值观或道德原则、经济理念、法律规则）和特殊性（作为个人主体的特征）之间关系的一种不同寻常的想象，而这正是新自由主义或生物政治学的思想论述突出的地方。机器学习算法在已知人群的地面实况（属性归因是已知的）和未知特征向量之间反复穿梭。通过比较在计算机科学领域具有普遍性的归属特征空间与新实体特殊性空间，算法学习了如何识别和描述新事物（事件）。

这种认识和描述新事物（事件）的过程与詹姆逊、林奇和列斐伏尔的方法论有很大不同。阿穆尔认为由机器学习算法支配的当代环境更有助于理解一切，因为这种理解的过程本身也是一个感知、识别、归因的实验过程，它超越了人类的感性视野，能够透过现象看本质。总而言之，实验数据、归因程序、感知能力三者之间的关系对于理解机器学习算法的空间认识论以及由此传播的后真相内容至关重要。

统计意象

本书将上述感知、识别、归属过程中产生的聚类（数据）称为"统计意象"。社会学中的"意象"是指一套人们依此想象自己与社会整体关系的价值观、制度、法律和符号。在《意向：想象力的现象学心理学》（The Imaginary: A Phenomenological Psychology of the Imagination）一书中，让-保罗·萨特（Jean-Paul Sartre）将想象力

引 言

与知觉进行了对比,知觉只是领会了一个物体某些部分,而想象力则构建了事物的整体性。对萨特来说,想象的对象是"过去印象和近期知识的混合体"。它们是我们想象的产物,就像我们能感知到它们的存在一样,仿佛它们就是"真实的"。精神分析学家雅克·拉康(Jacques Lacan)将意象秩序与符号秩序、真实秩序并称为三种相互关联的、共同构成人类存在的方式。意象出现在儿童发展时期的"镜像阶段"(mirror stage),也就是当儿童知道自己可以通过镜子等设备作为一个被外界感知的对象时。因为自我是通过与其对应物或镜像产生认同形成的,所以这种认同成了拉康"意象"概念的一个重要方面。然而在承认自己是"我"的同时,人们实际上也承认自己是"他人",这种行为从根本上说属于自我异化。

我们回过头来再看看詹姆逊的这段论述:

> 存在性——个人主体的定位、日常生活的经验、我们作为观察世界的生物主体必然受到限制的一元视角——在阿尔都塞(Althusser)[1]的准则中与抽象知识暗中对立。正如拉康提醒我们

---

[1] 路易·皮埃尔·阿尔都塞(Louis Pierre Althusser)是当代著名的法国马克思主义哲学家。他主张将政治实践同意识形态实践和科学实践区分开来。对阿尔都塞来说,科学的特征是它对其客体的概念建构。一般意义上的"客体"是一种意识形态的观念(伴随着主体的非存在),另一个意义上的"客体"(在所有主体缺席的意义上伴随着"客观性")设定了科学实践的核心。科学是一个无主体过程,但有客体,客观性是其特殊的标准。将政治同科学区分开来首先要认识到政治像哲学一样,没有客体,也不用隶从于客观性标准。——译者注

的那样，抽象知识从未被任何具体实在的主体守卫或实现，而是存在于名为"应该知道的主体"（le sujet supposé savoir）的结构空位中。这是一种知识的主体场所，它并不意味着我们不能以某种抽象的抑或"科学的"方式来认识事物及其存在于世界的整体性。马克思主义的"科学"正好提供了这样一种成全抽象认识和概念化世界的方式。例如，曼德尔❶的伟大著作就世界体系这一主题提供了丰富而详尽的知识，但世界体系这样的抽象概念未必是不可知的，我们只能说它是不可再现的，这是完全不同的两回事。

詹姆逊继续指出，"林奇在城市空间研究领域的经验主义问题与赫赫有名的阿尔都塞主义（和拉康主义）的意识形态再定义之间存在某种融合，即'对主体与其现实存在条件之间的想象关系的表述'。"这种联系的重要性在于它为我们的调研提供了关键支点——认识空间和认识人的方式不可避免地会在它们如何映射主体与世界的关系方面彼此关联。

有人可能会说，我们今天不是在镜面反射的"真相"中认识自己，而是在数据集群与其他综合信息的复杂组合中认识自己，这也决定了我们所认识的数据体具有非实体的去中心化分布式特

---

❶ 欧内斯特·曼德尔（Ernest Mandel）被认为是战后世界最重要的马克思主义经济学家和社会学家。代表著作包括《论马克思主义经济学》《权力与货币：马克思主义的官僚理论》《关于过渡社会的理论》《资本主义发展的长波》《晚近资本主义》等。——译者注

引　言

性（见图 0-3）。我们与之共情或被其异化的意识形态整体上只是统计学中的意象，正如一个抽象的细分市场、一个人口学的划分单位、一个没有器官的身体那样分布在由离散时间序列表达的数据点构成的概率特征空间中。

图 0-3　作者使用 StyleGAN❶ 合成的人脸图（它们并不是真实存在的人脸照片）

统计意象被身份建构的"交叉性"所束缚。诸如种族、性别、阶级、性取向、宗教信仰、年龄、能力、外貌等属性交叉在一起，不仅定位了一个人的身份，同时也决定了他们会在社会内部享有怎样的特权或遭受怎样的歧视。这种定位的概念是为了

❶ StyleGAN 是一款基于样式的生成对抗网络架构（a style-based generator architecture for generative adversarial networks）。StyleGAN 的算法不仅能够产生高质量的图像，而且还对每个潜伏变量进行了从粗到细的特征调节，可以用来编辑图像的风格。——译者注

在知识生产中解释特定主体的地位，也被女性主义学者仔细研究过。唐娜·哈拉维（Donna Harraway）就是其中的代表性学者。她认为这样的定位本身就是"基准知识的关键实践"。就我自己而言，我是以一个无宗教信仰的、中年的、有行事能力的、中产阶级的、欧洲裔白人男子的身份在写作此书。我是在一所公立大学从事建筑和媒体研究的终身教授。我承认这样的身份带给了我许多特权，我努力运用自己在建筑和计算媒体领域的背景和经验来讲述社会技术系统中涉及的空间不平等现象以及随之而来的系统性偏见。我也是一个小女孩的父亲。她在我写作这本书的过程中出生了。这在一定程度上促使我更关注这个世界，思考我如何为建设一个更加美好的世界作出贡献。

尽管以这种方式对知识生产情景化有助于解释经常被忽视的内在权力关系——或者说更糟糕的是，它形成了歧视性和压迫性做法的社会基础——但这也凸显了我们达成共识的挑战。凯瑟琳·艾尼亚齐奥（Catherine D'Ignazio）和劳伦·克莱恩（Lauren Klein）在合著的《数据女权主义》（*Data Feminism*）导言中指出："美国文化中蕴含的种族主义，加之许多其他形式的压迫，使我们不可能为世界各地的妇女们宣扬共同的经验或发展共同的运动。"事实上，在本书背景下使用"我们"这个词所带来的挑战本身就很有启发性。当"我们"被提及时，谁被包括在内，谁被排除在外？正在阅读本书的我们？来自共同种族、文化、经济、教育背景的我们？在主体地位的特征空间中具有近似度的我们？"我们"如何能在这些空间中找到共同点，形成具有"我们性"的集体意识？如果做不到，这些空间中的人群就可能会被带有压

引　言

迫性的、令人日益麻木的，甚至在某些情况下极具敌意的方式切割和聚类。这与阿穆尔所描述的、可以团结人们的"无须归属的公共性"背道而驰。

从智慧家庭到全球疫情

在接下来的章节中，我研究了人与数据、代码与空间、知识与权力之间的纠葛。第一部分讨论了贯穿全书的具体实践，介绍了真理主张如何被嵌入记录、反映、衡量这个世界的技术之中，具体的表征实践如何塑造空间性的心智图像，以及在数据饱和的环境下如何对不同的同时代主体性进行不同的定位。

第二部分随着实践地点和规模的扩张而展开论述，从家庭的跨地域性到新冠疫情的全球蔓延，包括城市角落的迷你超市、社会顶层百分之一人口居住的精英社区、多伦多的城市滨水区、全国性选举等空间。这些地点都是叙事展开的具体背景：一系列小插图展示了注意力算法和提取数据的基础设施对日常生活空间的绘制和殖民化所导致的认识论分裂。随着场景规模的逐渐扩大，个人化、私密性场域中产生的行为数据和对个体行为的操纵正在演变为更具公共性、集体性的算法治理形式，分布在前所未有的广阔领域。这些背景为探索空间条件如何被孕育、规划、设计、建立、管理、分析，以及分析人们如何栖息于算法空间中，并对算法空间进行吹捧或感到恐惧等提供了研究路径。

在此过程中，我借鉴了各种信息来源和研究方法。一手材料包括设计文件、演示文稿、出版物、新闻报道，以及通过对具体的社会技术场地和系统进行实地考察而得到的资料。同时阅读科学白皮书和产品营销文献不仅可以进一步了解功能是如何设计的，还能重点关注文案声明中的预期性能。营销人员的广告文案经常美化了工程师的说明。媒体艺术的批判性实践案例表明，使用这些技术的方式可能并不是他们的初衷，而产品最终往往呈现出设计师和市场主管们未能预料的效果以及文化上的细微差别。此外，新闻提供了涉及这些技术的空间应用及其所处文化背景的不同视角。尤其是作为第三类信息渠道的网络新闻媒体在传播和记录本书聚焦的认识论分裂方面发挥了核心作用，它们更多的是作为反映某种情形的参考依据而不是对事实的描述。

我将这些场域和事件与分布在建筑学、城市学、地理学、传媒学、数据科学、科技研究、哲学领域的学科话语联系起来，通过数据驱动的实践来探讨日常生活中算法的重新格式化。这是一个宽泛的、发展中的研究领域，其中有几个作为定位和引导这项工作的关键参考点值得注意。马尔科姆·麦卡洛（Malcolm McCullough）是一名作家兼建筑学教授，他观察到建筑与信息空间的融合，以及这对我们体验建筑环境的方式所能产生的深远影响。他认为城市空间一贯拥有丰富的环境信息，只要我们调整视角就不难获取这些信息，但这些信息是难以量化的。人类学家兼媒体学者香农·马特恩（Shannon Mattern）将这一观点继续延伸，他将智慧城市和城市智能的议题置于更广阔的文化历史背景下，而这些背景信息并非总是契合计算机逻辑。专注于科学计算和艺术设计领域的历史学家奥里特·哈尔彭（Orit Halpern）将建筑的辨识度与大众认知的分布及流动联系起来，在认识论的基础上阐述了战后控制论怎样影响和塑造了人们的注意力、感知力和集体的真理意识。劳拉·库尔干（Laura Kurgan）是一名建筑师和空间专家，她的兴趣在于研究视觉表征如何体现真理主张。劳拉的文章和课题考察了地图的认知原理和图绘实践在塑造公共话语和政策制定方面所发挥的重大作用。

地理学家兼数据研究员罗布·基钦（Rob Kitchin）早年从事地图学和认知图绘相关的工作，这为他近期开展数据、智慧城市、算法治理的调查铺平了道路。这些工作都需对代码与社会、经济、空间环境的交叉影响作出更深入的批判性研究。

肖莎娜·祖博夫探讨了新兴数据制度的政治含义，详细描述了作为监控者的资本家们如何通过人们消费其产品和服务的过程提取丰富的行为数据。他们还能挖掘和整合预测性的用户资料，在期货市场上拍卖获利。许景春展示了数据驱动技术如何催生社会区隔、极化和歧视。我们与其将这些现象看作社会系统的错误，还不如看作新常态的特征。而这更需要呼吁采取某种对抗机器学习的方法，以保障人们能够在差异中自由生活。为了应对这些冲击民主社会的新挑战，路易丝·阿穆尔从空间维度论述了机器学习算法对伦理和政治的影响，并倡导开辟一种基于算法的、打破归因理论的新型伦理政治学。诚然，正如本书注释和参考文献部分的声明，以上也只是一份不够完整的、范畴有些模糊的书目清单。

第一章"另类事实"介绍了2016年特朗普在就职典礼期间以及随后数日媒体上出现的关于究竟有多少人参加了这一活动的争论。在执政的头几天，这个新政府就迎来了另类事实的时代。

虽然"假新闻"作为特朗普政治动员活动中反对媒体的集结号已经占据了一年多的头条，但协力制造出来的所谓另类事实正在以新的方式重塑真实。抗拒事实的媒体叙事将成为党派政治斗争的重要武器，其目的不在于说服人们相信不真实的事情，而在于制造一种不确定感以及就事实是否可知抱有怀疑的态度。本章研究了空间表征技术和工艺发展的历史中，制造"真实"的做法是如何演变的。它涉及名为"深度伪造"（简称深伪）的文化现象：利用生成对抗网络的机器学习技术打造描绘虚假场景的超现实媒体对象综合体。深伪技术既能作为当代的文化标志，也能作为考察"真实"在不同历史时期演变过程的出发点。"真实"的历史地位因为各种仿真形式的出现而演变，这些仿真形式是由当时的主流媒体实践塑造的。我讨论了真理主张和认识论含义如何被嵌入不同的媒体实践之中，这也让我们的讨论延伸到（同时也阐明了）它们所处的文化环境中。无论对于以光圈或镜头感知、呈现外部现实世界的观察主体，还是争相合成被认为能再现"真实"的算法，"真实"的历史地位几乎都没有建立在具有普遍性的基本假设之上，而一直依托于多元化的社会实践（更何况话语实践在表述共识时还存在语言多样性障碍）和主体之间的不断协商。如果没有协商，我们就没有认知的基础，就无法据此了解我们在后真相领域中的位置，更无法确定未来我们采取共同行动的最佳路线。

第二章"地面构想"讨论了制图学中的表征实践以及地图塑造认知模型的过程，我们通过这些模型在世界范围内定位、定向、导航、栖息。制图师用他们的地图提出真理主张。他们制作了基本的地图，通过这些地图来协商共同点。他们的地图反映了我们无法完全感知的空间现实。然而，地图为实际存在的地理现实提供中立或无价值的转录这一概念是有争议的。一些地理学家认为，地图制作从根本上说是一个社会过程，它渲染（和强化）了现有权力关系的空间性，通常对社会上的主导群体有利。地理学者批判性地指出了地图制作作为社会正义代理人的修辞力量，追求反地图实践，旨在揭露官方或权威机构试图淡化或完全忽略的空间不平等的行为。从这个角度来看，地图通过协调和整合一系列总是受社会制约的观点，在不同的尺度上构建世界。同时，随着地图制作越来越多地被机器学习算法自动化，关于人和空间的分类（和边界划分）的新问题也随之出现。本章通过一系列地图制作实践来研究这些问题。在这些实践中，一方面是关于世界的准确表述，另一方面是与世界中存在的空间偶然性（通常是混乱的）和相关社会现实抗争。本章还通过一系列的逆向图绘示例阐明了我们理解空间再现和人群表征的关键方法，观察人们分裂的认识论如何在后真相时代传播。

第三章"数据倦怠"介绍了如何在"云"数据驱动的新领域中定位主体性。在"大"数据和机器学习被应用于各行各业的时代，我们可以重温哲学家马丁·海德格尔（Martin Heidegger）所述的"巨大"概念。这个概念意味着从量变到质变的过程，并包含了该过程中出现的相应主体地位变化。基于社会学家和城市理论家乔治·西梅尔（George Simmel）对现代城市主体的冷漠的阐述，本章探讨了这些数据饱和的环境如何引出和界定当代主体地位。对西梅尔来说，冷漠的出现与大都市经验和知觉刺激的快速变化及其导致的注意力碎片化相关。今天，注意力不再是简单地在主体的视野内划分，而是在两个完全不同的视野之间划分：一个是人，一个是非人。在这些条件下，西方资本主义社会关于专业化、个体化和"给予关注"的强制纪律在主体的定位中被颠倒了，从而以注意力算法能够识别的方式规范其行为。尽管安全漏洞和消费者信用报告机构持有的个人数据被泄露的频率越来越高，并且社交媒体数据被用于党派政治斗争，但许多人已经对交出个人数据以获得在线服务、折扣价格和其他好处习以为常。虽然这种漠不关心的态度造成了数据及其对日常生活的影响不可被感知，但它也形成了一种自我审查的文化，促使人们根据算法所能感知的社会规范，或多或少地调整自己的行为，以维持他们在声誉经济中的地位。

作为第二部分"情境"的开篇，第四章"人工栖居"的论述在家庭背景下展开，论述了人工智能对家庭空间的渗透。今天的家用电器已经迎来了一个酝酿多年的环境智能时代。无论是亚马逊的 Alexa，谷歌的 Assistant，还是苹果的 Siri，这些人工智能虚拟助手都在寻找和收集更多个人私密行为的数据。本章追溯自然语言处理技术的发展及其在智能家居界面上的应用，说明这些家庭助手如何通过人工合成的对话能力改善人机之间不共戴天的状态。它探讨了当这些智能设备成为家庭成员，了解我们家庭生活中一些更私密的细节时会发生什么，并探寻问当这种情况大规模发生时，社会会发生什么变化。我将 Alexa 和 Siri 放在家务劳动自动化和性别偏见极化的宏大历史叙事中讨论，重点关注女性角色为缓解公众对"贴心机器"渗透家庭的焦虑所作的贡献。本章最后运用从行为经济学中提取的概念和技术描绘了资本家如何监控社会,加速了这些新型人工智能机器人对家庭空间的"殖民",以对殖民者更有利的方式重新划定公共空间和私人领域之间的界限。曾经被我们称为家的私人住所——一个养育我们的地方,一个我们最能获得个人关怀的地方——变成了一个由细心的代理人监视我们的地方。这些代理人会从我们最私密的行为中提取数据,促使我们作出可预测的非理性决策,使它们的制造者从中获益。

正如《经济学人》所说,如果数据是某种新的石油,它将推动采掘经济的发展。第五章"假性相关"以亚马逊对城市迷你市场的殖民化为背景,从生理空间的角度研究了对日常互动行为数据的提取导致的认识论分裂。在亚马逊商店,购物者被嵌入天花板的数百个摄像头组成的计算机视觉系统继而追踪。该系统采用机器学习算法来追踪他们从货架上拿下的物品,并继而更新他们的虚拟购物车。如果传统的"真实"概念通常被理解为集体妥协或协议的产物,那么 Amazon Go 的统计操作可谓是通过一个根本上具有分裂性的概率空间架构来呈现现实,而被它取代的是一个认识附近每个人的收银员。像 Amazon Go 这样无收银员的迷你超市是通过顾客产生的数据来认识它们的邻居的。它们的角色从提供邻里社区聚集的公共地点转变为信息时代的磨坊。我们的购物行为和购买习惯则被转化为可销售的数据集群。这个由计算机视觉、大数据、机器学习组成的"实验台"提出了一种全新的认识论。它的重点不再是记录事实、表征空间或发展代表性模型,而是发展本身就是场域的模型。这些场域中充满了根据相对接近程度进行组织的统计意象中,其中我们(可能)就只是我们的饮食偏好（数据）——我们何时、何地，以及最可能的共餐伙伴。

第六章"从工具到环境"探索了当上述想法从简陋的街角迷你超市扩展到整个城市街区时会发生什么，追踪观察了从工具到环境的转变，研究了用于观察和分析城市环境的技术的演变及其对城市设计管理产生的影响。今天在大数据上运行的机器学习算法为理解城市环境创造了全新的认知视野。这种方法不是通过收集和分析相关数据来测试理论，而是旨在获得"从数据中诞生"的洞察力。本章以最近哈德逊集团的开发项目为例，这是美国历史上最大的私人房地产项目，位于曼哈顿西区。报告最初声称它将包含美国第一个"量化社区"，一个完全仪器化的城市社区，其中将部署一个综合性的、可扩展的传感器网络，以观察、测量、整合、分析社区的条件、活动和成果。在哈德逊社区生活和工作的市民将加入那些嵌入建筑物及其相关基础设施系统中的传感器，成为具有生命表征的传感器。随着城市观测和设计工具与被它们分析和预测的环境合并，新的城市场域出现了。这些空间更多的是由汇总数据得出统计意象，而不是由体现公民意志的社区来填充。诸如此类由算法构建的后真相领域伴随着新颖的空间认识论，彻底摒弃观察世界的想法，反而假设从可感知的现状与可能和现状并无直接关联的大数据中可以产生"洞察力"。

第七章"（错误的）都市权"借鉴了多伦多大规模海滨区开发的失败案例，重新审视了公众参与指导城市发展的长期挑战，并基于数据驱动的现实研究了城市治理和政府运作的新形式。列斐伏尔在1968年出版了《接近城市的权利》（*Le Droit à la Ville*）一书。从那时起，公民的城市权利就成了公共讨论的热点，聚焦于人们对城市环境的"作品权、参与权和占有权"。对列斐伏尔而言,作品与城市的使用价值有关。人们通过日常的各种空间实践直接生活在城市当中,因此重现城市环境就是重现城市生活的空间条件。相比之下,一个城市的交换价值是由货币和商业、房地产的买卖、产品,以及对商品和服务的消费来定义的。人行道实验室的首席执行官丹·多克托罗夫(Dan Doctoroff)曾承诺建立一个"由互联网设计的"城市,其中包括许多与智能城市相关的功能:用于实时监测和管理城市基础设施的嵌入式传感器。这些设施可以适应不同的活动和功能模式。这样的城市愿景(特别是其在城市范围内提取行为数据的野心)不仅旨在将城市的交换价值置于使用价值之上,而且要将二者相互转化:作品将成为产品,人们既是生产者又是消费者。基于人行道实验室和多伦多水岸开发合作的失败案例,本章以批判性视角评述了数据货币化、算法治理以及在规模化数据城市发展过程中衍生出的城市生活危机。

第八章"诡计和利用"重点描述了不良行为者破坏数据平台和系统的能力。这一章研究了个人数据与基于心理评估的信息精准投放行为在国家政治运动中扮演的角色。本章通过研究剑桥分析公司在 2016 年美国总统选举和英国脱欧公投中发挥的作用,审视了脸书如何规避薄弱的数据隐私政策,使用大数据对美国和英国广大选民进行心理分析和微观定位。在种族、地区或其他人口统计学上容易产生意见分化的议题中,如移民、第二修正案、环境等,心理测量学上的微观定位能发挥作用。事实证明,诸如此类的问题最有可能调动选民的积极性,促使他们要么支持某个候选人,要么反对一个候选人。这是经过算法过滤的公共领域催生出的政治生态。这样的设计让社群不断碎片化，甚至让人们厌恶彼此之间的对话。当公共空间不再体现公共领域的完整地理状态，而公共领域被还原为微型公共讨论的集合时，我们发现在全国范围内自己面临的不是具有安全感的空间认识论，而是充满不确定性和怀疑的空间认识论。

第九章"疫情例外论"试图梳理全球新冠疫情带来的不确定性。福柯曾以 17 世纪抗击瘟疫的措施为例，介绍了大流行时期建立的权力纪律机制。相比之下，21 世纪我们面对新型冠状病毒的威胁采取了显著不同的权力动员形式。除了控制人员流动、保持监控和检测的纪律机制以外，还出现了各种遏制病毒传播的替代性方案。本章研究了世界不同地区如何以不同方式应对这场全人类的危机。从加强专制和高压管控的做法，到理性地判断和实践社交距离，不同的反应源于各个国家和地区不同形式的政治和权力生态。此外，在这个世界大部分地区都被封锁的特殊时期，许多人与世隔绝地坐在屏幕前，沉浸在统计数据中：感染率、住院人数、占用重症监护室床位数、每日死亡人数，以及被所有这些数据影响的市场指数等。一些人将他们的希望和信念寄托在数据模型及其预测上，并试图据此批判公共卫生政策。另一些人则在等待新的疫苗和有效治疗方案，制药公司也争先恐后地发展着有助于"拉平曲线"的新技术。除了大力开发新的应用程序和测试方法，我们还迫切需要能够更好地解释实践，判断问题（无论是好是坏），说明这种新常态如何影响集体行为。在这种特殊状态下，我们寻求发展民主形式的生物政治，增进合作意识，促成具有集体说服力的理性认识。

引　言

　　由此可见，我们不得不在新产生的人与数据、代码与空间、知识与权力之间的纠葛中发挥主观能动性，采取共同行动。在本书的尾声部分，我以2020年乔治·弗洛伊德被杀事件和2021年1月6日美国国会大厦冲突所引发的大规模街头抗议为背景，思考了社交媒体如何占用公共空间，通过"共情"的斗争凸显群体身份。在这里，本书所讨论的各种尺度的空间场景不可避免地交织在一起：我们是如何被舒服地隔离在家中，见证了一个黑人在城市街角的迷你超市前被杀，进而点燃了全美乃至世界民众对警察暴力的抗议和对种族正义的呼声。疫情隔离导致了城市空间的虚化，这种空虚将很快被各种交战的政治文化派别填补。无论在网络上还是在物理空间中，这一点都不难预见。2020年的夏天，俄勒冈州波特兰市和西雅图市的公共空间被两拨人占领——"骄傲男孩"的队伍与Antifa激进分子公然展开了城市械斗❶。新年伊始，疯狂的特朗普支持者们暴力攻占了国会大厦。以上活生生的例子都充分说明了在今天社会达成共识必然要经历长期谈判和激烈斗争。在此过程中各类行为者不断阐释和捍卫具有竞争性的政治文化身份。这些被社会技术裹挟的综合体在不同社会、文化、经济现实中的分布恐怕比以往任何时候都更不均衡，可以说这也

---

❶ "骄傲男孩"（Proud Boys）是一个成员基本为白人男性的，提倡暴力和种族主义的极右翼组织，组织总部设在美国。与之对立的Antifa为"反法西斯主义"（anti-fascist）的英文缩写，是指近几年秘密集结的一群社会激进分子。Antifa主要在欧美地区活动，政治信念左倾，常被媒体称为极左派。——译者注

是后真相时代面临的一个更严峻的挑战。在这样的危难时期,寻找彼此的共同点有着前所未有的重要性。本书正是致力于理解这些空间条件的全貌,反思我们应该如何驾驭存在差异的处境。

第一部分

实践

第一章

另类事实

编造数据

2017年1月20日星期五，华盛顿的清晨灰暗而潮湿。几小时后，特朗普将作为美国第四十五任总统走马上任，就职典礼的最后准备工作已就绪。一排排可折叠的白色椅子在国会大厦的草坪上铺陈开来，外围整齐安置了一列可移动厕所。出售特朗普周边纪念品的商贩们正在布置店铺，直升机在国家纪念碑上空盘旋。整个国会大厦的安保屏障已经到位，周边街道的交通路线都被封锁或改道。工人们在白宫前的检阅台上调整灯光，特朗普将在那里观看就职典礼的游行。华盛顿地铁逐渐热闹起来，人们开始涌入国家广场。联邦政府和地方机构正在为70万至90万规模的出席人数做准备，这些群众中既有支持者也有抗议者。当然，特朗普本人有更大的抱负。你能想象他在就职典礼上会以其标志性的傲慢语气口出狂言："我这创纪录的出席人数是不可想象的。"

"体贴"的算法：数据如何重塑生活空间

毫无疑问，特朗普一定很在意他的政治对手奥巴马 2009 年第一次总统就职典礼时高达约 180 万人的出席人数，以后这一纪录估计也很难被打破。

估算重大公共活动的人群规模并非易事，往往还会引发巨大争议。在 1995 年"百万人游行"（Million Man March）之前，美国国家公园管理处（NPS）几十年来一直发布"官方"估计的国家广场公共活动人群规模。这场"百万人游行"由"伊斯兰民族"（Nation of Islam）组织的领导人路易斯·法拉肯（Louis Farrakhan）和各种民权团体领导者组成的"全国非裔美国人领导力峰会"（NAALS）联盟牵头，旨在展现非裔美国人的社群团结和家庭价值观。其中涌现的著名演说家包括诗人玛雅·安吉洛（Maya Angelou）、民权活动家罗莎·帕克斯（Rosa Parks）、杰西·杰克逊牧师（Reverned Jesse Jackson）、马丁·路德·金三世（Martin Luther King Ⅲ）和 NAALS 的创始领袖本雅明·戴维斯牧师（Reverend Benjamin Davis）。NPS 估计有 40 万人参加了这场大游行，但组织者们认为他们已经达到了 100 万游行者的规模并扬言要起诉 NPS，理由是他们认为 NPS 的统计动机是"种族主义、白人至上主义和对路易斯·法拉肯的仇恨"。虽然最终没有提起诉讼，这场争论却足以使 NPS 决定取消统计国家广场集会人数的业务，国会在第二年也通过立法禁止 NPS 为计算活动人数分配资金。

在过去 NPS 会通过分析活动的航拍照片来估计人群规模。他们的方法是将广场划分为面积相等的网格，每平方英尺[1] 会预设

---

[1] 1 平方英尺约等于 0.09 平方米。——编者注

不同的人口密度，例如松散人群约为每人 10 平方英尺，较挤的人群则每人 6~7 平方英尺，而密集人群为每人 3~4 平方英尺。虽然这种使用航空摄影来测量人群规模的做法只是大致估算而非精确计数，但由于 NPS 发布的结果会成为衡量和评估事件影响力的关键数据，这样编造数据的操作就变得备受争议。

对特朗普来说，遗憾的是在他发表就职演说前后，安装在华盛顿纪念碑顶部的新闻联播摄像机拍摄到的图像显示，广场人群看起来相当松散，而且范围也不是那么大。一名记者在推特上发布了特朗普和奥巴马就职典礼的现场图片的并列对比图，两组人群的规模存在明显差异（见图 1-1）。这些图片随后被拿来与华盛顿大都会区交通局（WMATA）提供的乘客数据模型进行了比较。截至特朗普就职典礼当天上午 11 点，WMATA 统计了 19.3 万人次，不到 2009 年奥巴马第一次就职典礼（51.3 万人次）的一半，也远低于 2013 年奥巴马第二次就职典礼的规模（31.7 万人次）。

当有关特朗普就职典礼人群规模估计约为奥巴马当年三分之

图 1-1　NPS 提供的 2009 年奥巴马（左）和 2017 年特朗普（右）就职典礼人群规模对比图

一的报道传到新总统那里时，白宫陷入了恐慌。一名 NPS 员工前一天在推特上转发了这张并排对比图，导致新政府立马关闭了 NPS 的官方推特。第二天一大早，特朗普就给 NPS 的代理局长迈克尔·雷诺兹（Michael Reynolds）打电话要求提供更多该事件相关的照片。随后，新上任的白宫新闻秘书肖恩·斯派塞（Sean Spicer）致电向 NPS 公共事务部门施压，索要看起来更大、更密集的人群照片，即"准确反映就职典礼人群规模"的照片。为了应对愈发焦躁的斯派塞，一名 NPS 官员联系了前一天报道就职典礼的摄影记者，要求提供任何"看起来就职典礼人群占了大部分空间的照片"。《卫报》（The Guardian）依据《信息自由法》（Freedom of Information Act）申请的报告指出，摄影师匆忙裁剪他在前一天拍摄的照片以满足这一紧急需求。他对照片进行了编辑，"通过裁剪天空视野和人群的尾部使它们看起来更加对称"。

当天下午，愤怒的斯派塞在气氛紧张的新闻发布会上宣称："我们总统就职典礼见证了有史以来最多的观众。"斯派塞指责记者报道不准确的数字、发布欺骗性的照片歪曲人群规模，并继续斥责新闻媒体淡化新总统在就职典礼上获得的"巨大支持"。然而，在反驳媒体围绕特朗普就职典礼上较低出席人数所作的叙述时，斯派塞自己却歪曲了事实。他说照片被裁剪过，导致画面中的人数减少，而事实情况恰恰相反。他还引用了特朗普就职典礼当天的地铁乘客人数（42 万）进行比较，而对比数据是奥巴马 2013 年就职典礼当天截至上午 11 点的乘客人数（31.7 万）——这还是他的第二次就职典礼，上座率远远低于 2009 年的第一次。第二天，白宫顾问凯莉安·康威（Kellyanne Conway）上了美国

第一章　另类事实

全国广播公司（NBC）的周日新闻节目《与媒体见面》（*Meet the Press*）。当主持人查克·托德（Chuck Todd）问及为什么白宫新闻秘书在新政府的第一个声明会是一个谎言时，她声称斯派塞只是在提供"另类事实"。

在执政的头几天，这个新政府就迎来了另类事实的时代。虽然用"假新闻"来诋毁媒体的行动在特朗普竞选活动中已经持续了一年多，但篡改照片、歪曲数据、协同制造所谓"另类事实"的操作则代表着一个更高层次的主张：为了支持政府提出的说法，编造数据和证据可以被合理化。"真实"在当代媒体文化中的地位将被重置。诸如观众规模指标所代表的意义将成为数据、媒体对象、传播系统之间博弈的产物。我们用来观察、计算、记录事件的技术，以及用来在不同受众中传播这些观察结果的媒体和信息系统网络将成为我们选择塑造不同现实的共谋者。此外，违反现存事实的媒体叙事将成为党派政治斗争中的重要武器。这样并不是为了说服人们相信那些不真实的东西，而是为了制造一种不确定性，让人首先怀疑事实是否可知。

本章研究了空间知识是如何被建构出来的，而不只是将这些知识作为对既有事实的中立表述。我认为历史上知识建构的过程是随着"真实性"的发展而演变的。这种"真实性"可以说是由当时的主流媒体实践形塑的则是貌似真实的图谱。我讨论了不同的媒体实践如何嵌入真理主张之中，同时也阐明了它们在所处文化环境中所衍生的认识论意义。编造"真实"的做法在当代集中表现为一系列被称为"生成对抗网络"的机器学习技术，其中的深度伪造技术就是一个很普遍的例子。本章回顾了"真实性"的形成和发展历史，从表征空间及其相关技术手段的角度探究了后真相时代的认识论危机。

数据、事实、证据

认识论危机的根源能追溯到数据、事实和证据之间的历史关系。今天人们普遍认为数据以一种无偏见或中立的方式代表事实。媒体史学家丽莎·吉特尔曼（Lisa Gitelman）和诗学学者弗吉尼亚·杰克逊（Virginia Jackson）就此写道：

> 乍一看，数据显然存在于事实之前：它们是我们认识事物和自我以及彼此交流的起点。这种以数据为起点的共同意识往往会导致一种容易被忽略的假设，即数据是透明的，其信息是不言自明的，是真理本身的基本材料。

"原始"数据存在于世界上，是事实的证据，它是真实的。如果遵循所谓的DIKW体系❶，我们的确需要从这些数据中制造信息、建立知识、发展智慧。但正如信息学学者杰弗里·鲍克

---

❶ DIKW 体系是由数据（Data）、信息（Information）、知识（Knowledge）及智慧（Wisdom）四个层次由低到高组成的金字塔学习管理模型。其中数据层是最基本的，信息层加入了学习内容，知识层加入了"如何去使用"的技能，智慧层加入了"什么时候使用"的判断力。——译者注

第一章 另类事实

（Geoffrey Bowker）所言，"原始数据"是一个矛盾的说法：这些数据早已被"煮"烂了。它们被以各种方法测量、采样、收集、挖掘、解释。生产主体不仅涉及人类，还有非人类行动者，例如一个放置在特定位置的传感器、一套校准方法、一个为驱动数据采集系统而设计的预期输出，甚至传感器的属性。它在世界上的具体位置，以及用于采集、存储、处理、评估、解释数据的技术和指标都会有所影响。

正如数字媒体学者雅尼·卢基萨斯（Yanni Loukissas）建议的，我们需要将注意力从数据集合转向数据环境。视觉文化学者约翰娜·德鲁克（Johanna Drucker）在她对现实主义的数据可视化模型批判中指出，这些模型压缩了可观察的现象和对其解释之间的空间。她不认同现象是独立于观察者并且能被描述为数据的概念。她论证了数据如何被普遍理解为来自世界，而不是被给予的事实，并提出我们今天所说的数据可能更合适被称为"卡皮塔"（capta）❶：

数据和卡皮塔这两个词在词源上凸显了建构主义和现实主义方法论的区别。卡皮塔是主动采取的行为，而数据被认为是能够被记录和观察的"给定"事物，由此产生了一系列差异。人文主

---

❶ "capta"的拉丁词根基本释意为"捕获"。"卡皮塔"的音译来自中国人民大学赵秀荣教授的译文，详情参见：劳伦·卡塞尔. 纸张技术、数字技术——近代早期医疗记录的利用 [J]. 国际社会科学杂志（中文版）,2021,38（02）：150-162+8+13 ——译者注

义探究知识生产的情境性、片面性、构成性，承认知识是被主动建构形成的自然表述而不是被简单视作预先存在的事实。

如何选择、收获、解释、发布数据往往是有争议的政治决定。正如我将在第九章中详细讨论的那样，美国关于新型冠状病毒公共卫生数据的政治化使许多人感到震惊。他们认为政府机构试图操纵有关新型冠状病毒传播程度和传播方式的数据表述，是公然试图按照党派的政治路线塑造公众舆论。特朗普政府将医院有关病毒的数据合并到卫生和公共服务部的举动，被广泛认为是试图控制有关病毒传播程度的关键信息。由美国疾病控制中心（CDC）管理的长期医院数据报告系统在疫情高峰期被一个私人承包商开发的新系统所取代。特朗普坚持认为，美国有更多新冠病例的原因是美国比其他国家测试得更多。他还建议，也许如果我们减少测试，我们会有"更好的数字"，病毒最终会"消失"。这表明在政治舞台上，公共卫生数据的政治化已经成为常态。

考虑一下美国环境保护局（EPA）是如何监测2001年曼哈顿下城世贸中心大楼倒塌的环境影响的。袭击发生三天后，小布什领导下的环保局局长克里斯·托德·惠特曼（Christine Todd Whitman）告诉记者："好消息是，我们所采集的空气样本表明我们没必要对空气环境抱有顾虑。"但这一说法是不成熟的，甚至如后来所揭示的那样，是完全错误的。袭击发生后一天，惠特曼发布了一份备忘录，宣布"所有对媒体的声明在发布前都应经过国家安全委员会（NSC）的批准"。国家安全顾问康多莉扎·赖斯（Condoleezza Rice）是环保局信息发布的最终决策者。被忽

第一章　另类事实

视的机构内部数据与轻松的公众姿态背道而驰。环保局监察长办公室 2003 年的一份报告显示，环保局缺乏必要的信息来确定"9·11"恐怖袭击后几天原爆点周围的空气质量。他们的采样方式无法准确地对生活在袭击附近地区和在原爆点地区执行重要重建任务的人员的实际健康状况进行判断，而爆炸的影响是致命的。

历史学家丹尼尔·罗森伯格（Daniel Rosenberg）提醒我们，数据中没有真相，而且自从数据这个词出现以来，它在英语中的使用本身就与"事实"和"证据"等相关概念彼此纠缠和矛盾。在 18 世纪初，数据指的是"被接受为论证基础的原则或从经文中收集到的无法置疑的事实"。到了 18 世纪末，这个词更多的是指"由实验或经验收集来的证据得出的事实"。对数据的理解从"给定事物"——修辞论证前提转变为"捕获行为"——实证调查的结果。这一点为 20 世纪中期的科学真实性主张奠定了基础。但今天，正如罗森伯格所言，"数据帮助我们构建现实，除此之外我们收集和传输的数据可能与真理或现实没有任何关系"。

深度伪造

2018 年 4 月，脱口秀喜剧演员兼电影导演乔丹·皮尔（Jordan Peele）和"嗡嗡喂"新闻网站（BuzzFeed）创始人兼首席执行官乔纳·佩雷蒂（Jonah Peretti）利用机器学习技术制作了一段美国前总统巴拉克·奥巴马的视频，创造了一个"深度伪造"的范例。皮尔与基根·迈克尔·基（Keegan Michael Key）在他们合作的喜剧节目中以模仿奥巴马闻名，他在合成视频中的声音与奥巴马的声音非常相似。"我们正在进入一个新时代，敌人可以制造任何人在任何时间点上说任何话的假象，即使那些人永远不会说这些话，""奥巴马"（皮尔）说，"他们可以让我说一些话，比如，克尔芒戈（Killmonger）❶是对的，本·卡森（Ben Carson）❷被困在'下沉之地'（Sunken Place）❸，再或者简而言之，特朗普总统是一个彻头彻尾的蠢货。"这段视频被视为一种公益广告，旨在呼吁人们关注这种技术操纵媒体格局的能力，并提醒观众不要轻易相信他们在网上看到的内容。截至目前，该公益广告已被浏览900多万次。在这些观众中，有些人并没有意识到合成媒体技术可以应用于编造明显的政治现实。2018年9月，三名国会议员向国家情报局局长发出了一份声明，警告了他们在政治运动中传播错误信息的情况。

"深度伪造"是"深度学习"和"伪造"的合成词。它采用了生成对抗网络的机器学习框架，是计算机视觉研究的自然副产品。生成对抗网络被训练用来从现有的数据集中生成媒体对象。

---

❶ 埃里克·克尔芒戈（Erik Killmonger）是漫威漫画中的一名虚构超级反派角色。"killmonger"在英语中的字面意思就是"杀人魔头"。——译者注
❷ 本·卡森（Ben Carson），1951年出生于底特律的非裔美国人。美国传奇神经外科医生，电影《恩赐妙手》原型人物。2017年，共和党党籍的他开始担任美国住房和城市发展部部长。——译者注
❸ "下沉之地"（Sunken Place）是2017年美国电影《逃出绝命镇》（*Get Out*）情节设定中的囚徒困境，也是黑人深受种族歧视、无法摆脱底层命运的隐喻。——译者注

这些数据集描述了人们做过和说过的从未发生的事情。它们是由计算机科学研究员伊恩·古德费洛（Ian Goodfellow）2014年发明的，当时他是蒙特利尔大学的博士生（古德费洛后来为谷歌、苹果公司和OpenAI研究所工作）。生成对抗网络是通过同时训练两个神经网络并让它们相互竞争而产生的。一个网络可被称为"生成器"，在一个数据集上训练，学习从中合成一些东西；另一个被称为"鉴别器"，试图辨别这些东西是"真的"（来自现有的训练数据集）还是"假的"（是由生成器合成的）。当鉴别器不能再确定图像是由生成器制作的还是来自训练集时，生成对抗网络的训练就完成了。生成对抗网络最初是计算机视觉和机器学习的学术研究课题，已被应用于从音频中操纵口型的仿真技术或修改一个人的面部视频片段以在他们的脸上描绘另一个人的面部表情的技术。这些技术被称为"脸部重现"，即源视频中演员的面部表情会被实时转移到目标视频演员的脸上。

2017年年底，一个名为"deepfakes"的Reddit用户开始分享将名人面孔换到不雅视频的主角身上的视频片段。这是用一种叫作"脸部互换"的技术制作完成的。脸部重现技术使用一个视频中控制组的脸部的动作和表情变形来指导另一个视频中出现的脸，而脸部互换只是将一张脸从图像源转移到目标图像。❶ 用

---

❶ 我国在2019年11月发布的《网络音视频信息服务管理规定》中专门提到了"网络音视频信息服务提供者和网络音视频信息服务使用者不得利用基于深度学习、虚拟现实等的新技术新应用制作、发布、传播虚假新闻信息"。　　编者注

户"deepfakes"说:"有了数百张脸部源图像,我就能轻松生成数百万张扭曲的图像来训练网络。之后,如果我给网络提供别人的脸,网络会认为这只是另一张扭曲的源图像,并试图让它看起来像训练的脸。"使用谷歌 TensorFlow 和 Keras 等开源软件库构建的 FakeApp 和 DeepFaceLab 等免费软件开始出现并在网上流传,任何拥有笔记本电脑或台式电脑和一些时间(以及指令周期)的人马上就可以创建深度伪造的假象。

在 2020 年美国总统大选前夕,一份详细介绍亨特·拜登(Hunter Biden)❶的文件在极右翼社交媒体平台上流传。这份所谓的"情报"档案声称"拜登的立场从鹰派转为鸽派"。这份文件是一家名为"台风调查"的虚构公司的产品,由一个名叫马丁·阿斯彭(Martin Aspen)的虚构情报分析员撰写。正如情报分析员伊利斯·托马斯(Elise Thomas)最终发现的那样,阿斯彭在其推特和领英账户中使用的个人资料和图片是由生成对抗网络制造的。

在政治舞台上,编造谎言是一个古老的游戏。在这个游戏中,无论是口口相传、散发传单还是转发推特,政治言论只需要最基本的传播系统就可以宣传。在 1800 年的美国总统选举中,副总统托马斯·杰斐逊(Thomas Jefferson)与总统约翰·亚当斯(John Adams)竞选时,雇用了记者兼政治传单作者詹姆斯·卡

---

❶ 亨特·拜登是 2020 年民主党总统候选人乔·拜登(Joe Biden)的儿子。后文中"拜登的立场从鹰派转为鸽派"指的是乔·拜登。——译者注

第一章　另类事实

伦达（James Callendar）来发起一场针对亚当斯的诽谤运动。在杰斐逊的资助下，卡伦达撰写了《我们的前景》这本描述联邦党人和亚当斯政府普遍腐败的民粹主义小册子。其中说到如果亚当斯当选，他将攻击法国（美国独立战争中的重要盟友），当时法国的武装民船正因未偿还战争债务与新生的美国海军发生海上冲突。虽然这一说法在当时无法得到证实，但这本小册子使许多美国人相信，如果他们希望避免与法国发生全面战争，就应该投票给杰斐逊。杰斐逊最终在激烈的选举中获胜，但在此之前，亚当斯政府已经以煽动罪起诉了卡伦达（并将其定罪）。

然而，根据社交媒体责任中心前首席技术专家阿维夫·奥瓦迪亚（Aviv Ovadya）的说法，"我们不应该担心人们会被假相欺骗，而应该担心他们会先放弃关心某样东西是否真实"。奥瓦迪亚担心我们会集体形成一种"现实冷漠症"，这让我们最终会放弃判断什么是真，什么是假。他写道："合成媒体挑战了我们的认识能力，即我们认识世界和作出合格决定的能力。"在这方面，一些合成媒体符合特朗普政府混淆视听、制造假新闻的隐含议程。我们在围绕他的就职典礼狂轰滥炸般的媒体炒作中看到了隐患。归根结底，"真实"本身作为认识世界和采取行动的基础地位已被动摇。

真实的地位

"真实"的概念在视觉文化中有着悠久的历史。从现实主义绘画、文学对日常生活中的普通人和细节的密切关注，到19世纪模拟摄影的引入和20世纪末的数字化转型；从前电影时代早期光学设备（如立体镜）的大规模普及，到最近沉浸式虚拟现实头盔的创新，再到移动图像以及随后更加复杂的计算机生成图像（CGI）合成技术的到来……"真实"的历史地位演变与新媒体实践中不同形式的"仿真性"（真实的外观）有关。每一次实践都包含着各种真理主张，其认识论意义也延伸到它们所处的文化环境中。

现实主义艺术主张以避免风格化和考究细节（光线、颜色、视角的准确性）的手法来准确地描绘世界，其专注于日常的或世俗的主题，描绘普通环境和日常生活。现实主义作为一种与浪漫主义唱反调的艺术运动肇始于19世纪中期。古斯塔夫·库尔贝（Gustave Courbet）和让·弗朗索瓦·米勒（Jean-François Millet）等画家的作品拒绝在戏剧性的环境中表现奇异的理想主义题材〔例如卡斯帕·弗里德里希（Caspar Friedrich）的作品❶〕，而倾向于描绘"现实"生活，如田间工作或下棋等普通人的活动（见图1-2）。文学中的现实主义寻求对真实的忠实再现，更侧重对中产阶级生活的写实。马克·吐温（Mark Twain）和亨利·詹姆斯（Henry James）等现实主义作家喜欢从第三人称的客观视角来描述日常生活的主题。在这种情况下，作者的主观评论被降至最低，可信的东西比戏剧性和耸人听闻的东西更受青睐，"真实"得

---

❶ 卡斯帕·弗里德里希是19世纪著名的德国浪漫主义风景画家。20世纪30年代和40年代初，超现实主义者和存在主义者经常从他的画中汲取灵感。——译者注

以细致全面地呈现。

图 1-2 古斯塔夫·库尔贝（Gustave Corbet），《采石工》（The Stonebreakers，1849）

随着现代相机和摄影图像的发展，视觉世界的各个方面都可以被高度准确地描绘出来并能被机械地再现。实用主义哲学家查尔斯·桑德斯·皮尔斯（Charles Sanders Peirce）的"索引性"概念被视觉文化学者用来描述被拍摄物体和拍摄结果之间的物理关系。关于摄影图像的索引性以及真理主张和证据意义的文章有很多。基于这种摄影原理发明的立体镜通常被认为是虚拟现实技术的先驱——它通过一种模拟体现双眼视觉生理特性的机械装置让图像产生深度真实感。立体镜与全景图和透视图一道迅速成为早期的合成大众媒体形式，并在 20 世纪发展为流行的 View Master 玩具——一种转盘式的立体幻灯片（见图 1-3）。

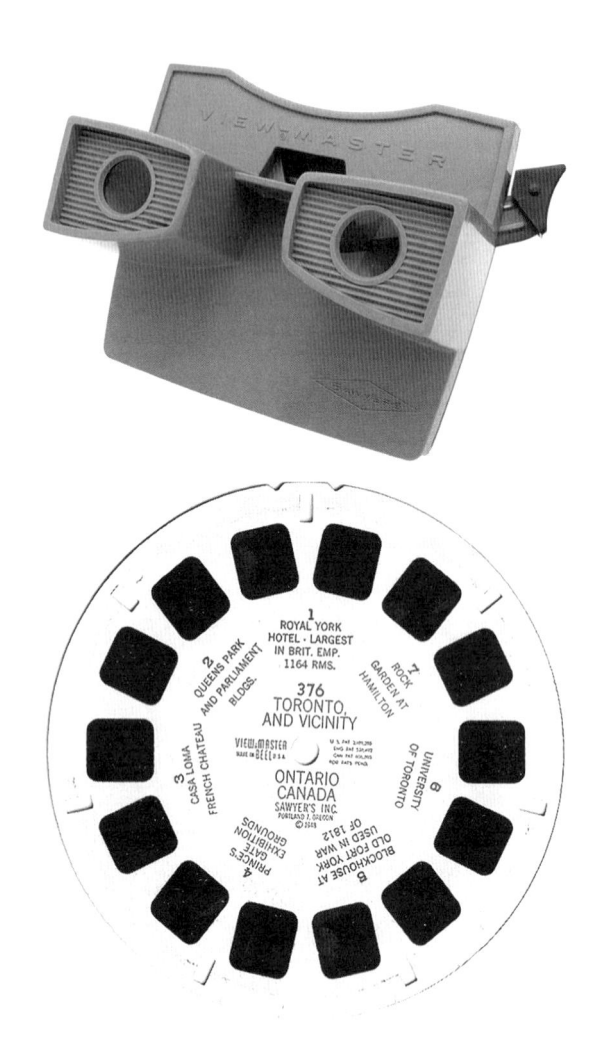

"体贴"的算法：数据如何重塑生活空间

图 1-3 Sawyers 公司推出的 View Master
注：1939 年由照片处理公司 Sawyers 推出的纸板盘上 View Master，其由一个立体镜和相应配套的薄纸板盘组成，纸板盘上包含一组立体透明的彩色照片小胶片。

第一章　另类事实

胶片和摄影机的发明在 19 世纪末给我们带来了电影，同时也带来了移动影像在捕捉时间流逝、运动、行动、姿态时，所具有的敏锐性。"真实"不再定格，也可以随着时间的推移而变化。1895 年卢米埃尔兄弟拍摄了电影《火车进站》(*L'arrivée d'un train en gare de La Ciotat*)，当时的观众反应已经很能说明问题。这部无声电影是由一个固定摄影机拍摄的 50 秒镜头组成，记录了一列由蒸汽机驱动的火车到达法国地中海沿岸的拉西奥塔镇火车站的画面。据说当时的观众都被一列真实大小、栩栩如生的火车直接驶向他们的移动画面吓坏了，他们尖叫着跑到房间后面。

20 世纪中期电视机的发明给我们带来了实时、生动的体验。正如传媒专家菲利普·奥斯兰德（Philip Auslande）指出，电视的精髓在于"它能够在事件发生时进行传播，而不是以电影的方式来记录事件以供日后观看。"工程师阿尔弗雷德·戈德史密斯（Alfred Goldsmith）在 1937 年电视诞生时将电视与电影的人类视觉体验进行对比。他提到了电视产生的"即时感"带来的真实效果：

> 就眼睛的视觉而言，一个真实的事件只有在发生的瞬间才能被看到……因此，所有的历史在人类的直接视力看来都已消失。影视作品则没有这种限制，它们可以在任何时间制作，并在以后的任何时间播放……电视能够直接捕捉正在发生的事件，让眼睛带给人们身临其境的真实感。

媒体研究学者简·费尔（Jane Feuer）认为，尽管电视在本体意义上早已不再是"直播"，但在意识形态意义上却依然如此。

奥斯兰德认为电视直播是偶然而常态化的播出制度，但电视能在任何时间点上向全球"直播"视觉和声音的能力依然是电视意象的重要组成部分。

今天，虚拟现实头盔和电影中先进的计算机生成图像技术几乎有能力合成世间任何事物。从某种程度上说，我们对图像的信念与我们对图像产生方式的理解密不可分。例如，从一个物体上反射的光是摄影图像形成的起因，或者这条广播新闻呈现的是正在发生的真实事件。我们评估各种媒体提出的真理主张的能力与我们对媒体本身产生方式的了解程度有关，这种能力被深度伪造等技术背后的黑箱算法所迷惑。

媒体艺术家德雷克·库里（Derek Curry）和詹妮弗·格拉达奇（Jennifer Gradacki）发布的《信息疫情》（*Infodemic*）视频聚焦于合成媒体制造的无懈可击的假象（见图1-4）。他们利用

图1-4　库里和格拉达奇2020年发布的《信息疫情》视频中的画面
资料来源：由创作者友情提供。

第一章　另类事实

生成对抗网络制造视频，强调了网络信息可被捏造的特性。政客、科技巨头首席执行官（CEO）、名人和网红都能通过重复强调错误的论述或开发放大错误内容的技术来传播关于新冠病毒的错误信息。正如库里和格拉达奇在他们的项目声明中所指出的，"infodemic"这个词是2003年"非典"（SARS）疫情期间创造的，但直到2020年2月世界卫生组织总干事谭德塞（Tedros Adhanom Ghebreyesus）宣布将新型冠状病毒感染命名为"COVID-19"后它才开始流行。"我们不仅在对抗一场生理意义上的疫情；我们还在与信息流行病做斗争。虚假新闻比病毒传播得更快、更容易，而且同样危险。"

《信息疫情》视频中出现了一系列学者、医学专家、新闻工作者，传达了他们纠正错误信息和解释错误信息制造和传播过程的声音。然而视频创作者并没有利用数以千计的单人头像来训练算法合成人像的相似性，而是在多人语料库上训练出一个闪烁的谈话头像，进而变异为该项目所针对的各种人物的脸。这种视觉画风上的"故障"总计人想起Jodi[1]的早期作品。这种作品通常会破坏网页，显示错误信息并暴露其潜在的源代码。而在《信息疫情》的视频里，这些故障被巧妙地部署，调试为衬托视频叙述者的流畅声音，与作品本身融为一体。由此产生的传播效果体现

---

[1] Jodi是两位互联网艺术家琼·海姆斯凯克（Joan Heemskerk）和德克·佩斯芒斯（Dirk Paesmans）的组合的艺名。他们是最早创作网络艺术作品的先锋人物，后来开始从事软件设计和计算机游戏修改等行为艺术。——译者注

了公共卫生信息在大流行病中不断发展、流变的状态和极不稳定的性质。

协商现实

表现、制造和综合我们所知道的世界的驱动力正在递增，真实的地位和我们与它们的关系随之演变。在20世纪90年代数字时代开始的时候，人们似乎对合成真实具有无限欲望。在此背景下，后现代主义作家如让·鲍德里亚（Jean Baudrillard）和翁贝托·埃科（Umberto Eco）提出了"超现实"的概念，试图描述当时的文化状况。超现实的特点是生产一个没有起源的现实模型或制造一个虚拟的现实并把它当作真实来消费。超现实被认为是意识难以区分的模拟现实和现实的混合。迪士尼乐园就是一个典型的例子：

> 迪士尼乐园的意象既不真实也不虚假：它是一个威慑机器，目的是让真实的虚构性重新焕发活力。因此这种意象就发生了幼稚的退化。它要建构一个幼稚的世界，使我们与"真实"世界的成年人状态隔绝。这同时还有助于掩盖一个事实——真正的幼稚无处不在，特别是那些去迪士尼扮成孩子、满足幼稚幻想的成年人。

对鲍德里亚来说，超现实概念的根本在于模拟和仿像。模拟是表象与真实的融合，两者之间的界限变得模糊；仿像是缺乏原

第一章 另类事实

件的复制,与任何现实都没有关系。"仿像从来不掩盖真实,反而真实很可能掩盖着并不存在的东西。"这样的仿真品本身就能成为某种"真实"。

在当前这个后真相时代,我们生活在超现实的环境中,可能会逐步接受替代事实和深度伪造——正如我们曾经接受任何其他试图吸引我们注意力的媒体对象一样,人们在接受的过程中不仅会产生疑问和担忧,还会产生对它们的好奇心。我们需要认识到,"真实"的地位总是由人、空间、记录工具、(人类或机器的)解释程序共同作用,协商(或重新协商)而来。这些协商越来越多地分布在不同的时空环境中。这些环境往往没有共同的前提,更不用说共同语言了。我们最初的立场是什么?这些协商可以被政治化,可以破坏我们加强共同理解的能力,也就是拉图尔所谓"感知可被共同探索的景观"的能力。从特朗普政府对公共卫生数据的处理和环保局世贸中心空气检测的闹剧中我们都不难看出这一点。更值得我们注意的是,如果缺乏协商,我们可能没有一个可行的认识论基础,更不可能以此了解我们在这个世界上的位置,确定我们未来共同行动的最佳路线。下一章将讨论我们如何在这个世界上定位自己,如何导航和驻足。在讨论后真相时代的制图政治时,我们的关注重点从表征空间转向了空间表征。

第二章

地面构想

　　那个帝国的制图技艺可谓臻于完美：一个省的地图占据了整个城市的面积，而整个国家的地图则占据了整个省的面积。随着时间的推移，这些不合比例的地图不再令人满足，于是制图师协会绘制了一张大小与帝国实际面积相当的地图，每一处标注点都精准吻合。可惜后人并不像他们的祖先那样喜欢钻研制图，他们觉得这张庞大的地图没有用处，便毫不留情地置之不顾，任它饱受烈日和凛冬的蹂躏。今天在西部的沙漠中，我们仍能目睹在那张地图的废墟中栖居着的动物和乞丐，整片土地上没有其他地理发现的遗迹。

　　　　　　　　　　——苏亚雷斯·米兰达（Suarez Miranda）❶

---

❶ "Suarez Miranda"是阿根廷作家豪尔赫·路易斯·博尔赫斯（Jorge Luis Borges）与阿道夫·比奥伊·卡萨雷斯（Adolfo Bioy Casares）合著作品时所用的笔名。事实上，该段纪实风格的帝国制图描述也是虚构的历史，但当时很多读者并不知情。——译者注

第二章　地面构想

纸镇

开车从纽约州特拉华县卡茨基尔山脚下的罗斯科餐厅向北行驶，过了 206 号公路与比弗基尔溪的交会处不久，你就会到达"阿格罗"（Agloe）。然而，你在谷歌地图上怎么也找不到这个"阿格罗"。说实话，今天那里除了路边的几座房子也没什么可看的。但如果你向任何地理学家询问"阿格罗"，他们肯定都心知肚明，因为这背后有着一个圈内皆知的制图故事。

1937 年，通用制图公司（General Drafting）绘制了一张地图，标注了罗斯科北部的一个土路交叉口的一个名为"阿格罗"的小村庄。这个小村庄并不存在。相反，它还是一个"版权陷阱"。"阿格罗"这个名字是由通用制图公司创始人奥托·G. 林德伯格（Otto G. Lindberg）和他的助手欧内斯特·阿尔珀斯（Ernest Alpers）的姓名首字母组成的。在引入卫星图像、遥感技术和地理信息系统（GIS）之前，地图制作整体上还需要手工流程。制图公司采用几个世纪发展起来的技术和方法制作部分地区的地图：指南针、六分仪、象限仪、游标——这些发明无疑都有助于更准确地再现这个世界。然而，当人们想要"保护"为制作这些地图所投入的努力以及作为制图基础的专利数据和信息时，问题就出现了。随着地图变得更加精确，它们也变得更加相似，因此更容易被剽窃。版权陷阱就是为了保护地图中的专利信息。

版权陷阱的典型形式是在一个地区或城市的真实地图中嵌入一个虚构的偏远村庄或死胡同。这些虚假地点在制图业中被称为

"纸镇"。它们是为了让潜在的剽窃者落入圈套,让人们更容易发现侵犯制图版权的行为。地图上的"阿格罗"就是为了抓住通用制图公司数据的剽窃者。如果你在任何其他公司生产的地图上发现纽约州的阿格罗,那么该地图很可能是从通用制图公司的地图上复制的。

但这个故事并没有结束。20世纪50年代,有人在地图上的十字路口处建了一家杂货店,将其命名为"阿格罗杂货店"。曾经的虚构地点现在有了事实依据。继杂货店之后,该处又出现了一个加油站和几所房子。不久之后,特拉华县政府正式以"阿格罗"之名将这片区域规划为一个村庄。鲍德里亚谈及的"超现实"景观在这里得到了充分展现:存在于领土之前的地图,经历了仿像的演绎,最终产生了领土。

这个小村庄后来出现在通用制图公司的主要竞争对手兰德·麦克纳利公司(Rand McNally)出版的纽约州地图上。埃索公司(ESSO)正好利用通用制图公司授权的地图数据出版了显示其加油站位置的地图。它立即起诉兰德·麦克纳利公司,认为自己抓住了该公司的侵权行为。兰德·麦克纳利公司在法庭上辩称,这个地点实际上已经成为现实:它得到了县政府的承认,县政府为其地图提供了地名数据,因此并没有侵犯埃索公司的版权。

虽然这些虚构的地点最终可以揭示出被复制的信息,但它们再现的材料本身必须符合版权条件,才能在法律上证明侵权行为。例如,在回应亚历山大制图公司指控富兰克林地图公司违反1976年《版权法》的诉讼时,法官裁定虚构的名字不受版

第二章 地面构想

权保护,一条道路的存在与否不属于版权事实。随着时间的推移,阿格罗村庄的经济形势发生了变化:杂货店倒闭了,地盘缩小了。20世纪90年代以来,地图绘制者继续将阿格罗列在他们的地图上,它也曾短暂地出现在谷歌地图上——直到2014年美国地质调查局将"阿格罗(非官方)"列为地理名称信息系统数据库中的一个纸镇,阿格罗由此经历了由虚入实又由实转虚的过程。

  这个故事说明地图与地点是一种动态交互的关系。地图追踪描绘了物理世界的轮廓,而物理世界又被这一过程所塑造。地图提出了地理空间的真理主张,但它们也传达了诸如纽约州阿格罗这样的虚假信息。作为空间的表征,它们决定了我们如何认识特定环境以及其中的权力关系和行动边界。正如在国家广场上测量人群规模一样,绘制后真相领域的地图可能成为一种有争议的做法。认识论分裂的地图学类似于本章开头提到的阿根廷作家博尔赫斯的伪造文学❶作品《帝国地图》中的破烂遗迹。然而,我们将看到的这片"领土"上居住的不是动物和乞丐,而是从数据集群中衍生出来的统计意象。

  在这一章中,我们研究了制图的表征实践。地图制作不仅塑造物理世界,而且影响了我们在其中定位、定向、导航、栖居的

---

❶ 伪造文学是一种特殊的文学现象。它最常见的形式是假托某位作者的名义杜撰作品,让读者误认为是作者本人创作的作品。例如很多人以为博尔赫斯假托的"苏亚雷斯"是亲自考古过所谓"1∶1帝国地图"的文化名人。——译者注

心理模式。通过一系列"反制图"方法的例子，我们能进一步理解空间表征在我们认识周围世界的过程中所起的作用。伴随着计算机制图实践的自动化，机器学习算法越来越多地被用来解释地理空间数据，并提出制图的真理主张。从衍生数据中推断出的"兴趣面"（AOI），到适应地形变化的"自愈地图"[1]，机器算法已经接替了罗盘、六分仪、象限仪和游标，创造出更好的地图。然而，这些地图中嵌入的假设和偏见往往是不透明的。这些地图对谁更好？在这里，地图的修辞力量变成了一个函数，即由谁来管理和绘制所有其他层次的地图所依赖的基础地图数据。

制图与反制图

制图学是研究与实践地图制作的学科，它的前提是人们能建立模型理解现实并能以一种有效传达空间信息的方式将其再现。制图师通过地图提出真理要求——他们将三维物体投射到一个平面上，对世界进行抽象化；选择物体特定的属性，突出放大、高度概括以减少再现整体的复杂性。根据预期用途，不同的地图对世界的抽象程度各不相同。例如，有些地图是为土地管理而设计的地形轮廓图，有些则为交通和旅游提供导航和寻路信息。

---

[1] 数字地图的使用者往往是地图数据的提供者，这个特点也保证了地图数据更新的实时性，俗称"自愈"。——译者注

第二章 地面构想

然而，地图是否能为实际存在的地理现实提供一个客观中立、价值无涉的记录？这是一个有争议的问题。一些地理学家认为，地图制作从根本上说是一个社会过程——它渲染（和强化）了现有权力关系的空间性，通常对社会主导群体有利。批判地理学主张，地图制作者具有修辞能力——它是社会正义的代理，应该追求反制图的做法，揭露官方及权威机构试图淡化或完全掩盖的空间不平等现象。从这个角度来看，地图是基于对一系列观点的协调和整合，在不同的尺度上构建世界，而所有这些观点都会受到社会的制约。

投影类型的选择往往是一个冲突点。佛兰德斯❶制图师杰拉杜斯·墨卡托（Gerardus Mercator）1569年出版他的世界地图时采用了圆柱形投影，这对公元2世纪埃及全才托勒密的圆锥形投影（西欧人到16世纪才重新发现）和13世纪以来航海家使用的波特兰型海图提出了挑战。墨卡托在他的地图注释中对托勒密投影提出了批评，写道："地理学家至今使用的经线形式太过弯曲，彼此还有不少重合之处，并不适合航海使用。"在评论水手的航海图时，他写道："区域的形状必然被严重拉伸，经度、纬度、方向、距离都不正确，会产生巨大的误差。"

墨卡托的圆柱形投影将经纬线用相互垂直的直线表示。这种投影成了标准的航海地图，因为它将任何具有恒定方向的航线表

---

❶ 欧洲历史地区名。位于今法国西北部、比利时西部和荷兰南部。——译者注

示为一条直线，从而简化了导航。只要沿着罗盘方向航行就能避免复杂的航线修正。这种投影法也使线性比例尺在任何方向上都是恒定的，从而能够保存地图上小面积地貌的轮廓。然而，这会导致地图的横向变形——这种变形程度随着离赤道距离的增加而增加，进而导致了相应的纵向变形，使地图上任何一点的东西向比例尺与南北向比例尺相等。因此，远离赤道的地理存在与地图表征并不相称，由此产生了对地球整体几何形态的扭曲印象。

此后，许多人提出了墨卡托投影的替代方案，其中包括詹姆斯·盖尔（James Gall，1855年）、沃尔特·贝赫曼（Walter Behrmann，1910年）、特里斯坦·爱德华兹（Trystan Edwards，1953年）和阿诺·彼得斯（Arno Peters，1967年）。德国历史学家彼得斯指出，墨卡托地图中的明显偏差是一种"制图帝国主义"。他认为北欧国家喜欢墨卡托投影，因为它使北欧地区看起来比南方邻国面积更大，貌似实力更强大。他的解决方案是引入"盖尔·彼得斯投影"，该投影准确地显示了各国的相对大小，但代价是扭曲了各国的形状。彼得斯地图引起了致力捍卫"专业标准"的制图界的巨大反弹。毕竟，彼得斯是一个历史学家而非专业的制图师。然而，正如地图历史学家约翰·布莱恩·哈雷（John Brian Harley）所述，"问题的实质是权力：毫无疑问，彼得斯方案赋予了世界上那些他认为遭受过历史制图歧视的国家权力。但同样地，对制图师来说，他们的权力和'真理要求'才是关键所在"。

反制图超越了制图的方式，质问了什么才是地图最重要的因素。例如，原住民制图是一种反主流的制图实践，它对权威或官方地图学的特权、形式、内容提出了批评。最有意思的是1976年在"因纽特人土地使用和占有项目"（Inuit Land Use and Occupancy Project）中首创的地图传记，涉及"猎人、渔民、采摘浆果者在他们一生中使用过的所有土地。制图按物种划分狩猎区，标记采集和露营地点——原住民在土地上的所有生活痕迹都可以在地图上标记出来"。作为民族地图学的组成部分，这些地图传记在土地谈判中发挥了作用，使因纽特人有底气在1993年对加拿大5亿英亩❶的土地提出所有权要求。今天，涉及加拿大和阿拉斯加部分地区的重新测绘项目仍在继续，其中包括因纽特人居住区的地名和口述历史，甚至还要考虑一年中有四分之三的时间是冰冻水体的海冰使用模式——这些在传统地图上都是一片空白。

　　GIS和数据驱动的制图技术产生了新形式的反制图法。它抓住了制图师丹尼斯·伍德（Denis Wood）所谓的"地图的力量"来支持地图修辞性的辩论。GIS基于一套收集、处理、表征空间信息的技术，其软件能定位和标注显示几乎所有与地理坐标相关联的数据点。GIS地图通常被用来操作数据的使用形式以达到管理空间中人和物的目的。它也使人们能够从多维数据层中获得洞察力，一旦这些数据层被组织起来，人们就可能发现平常难以觉察的事物之间的微妙关系。

---

❶　1英亩约等于4047平方米。——编者注

"体贴"的算法：数据如何重塑生活空间

"百万美元街区"（2006年）是哥伦比亚大学空间信息设计实验室（现为空间研究中心）的劳拉·库尔干（Laura Kurgan）与纽约司法绘图中心的埃里克·卡多拉（Eric Cadora）合作的一个绘图项目（见图2-1）。该项目运用GIS技术调查了美国五个城市的监禁和再犯罪成本。库尔干在项目声明中写道：

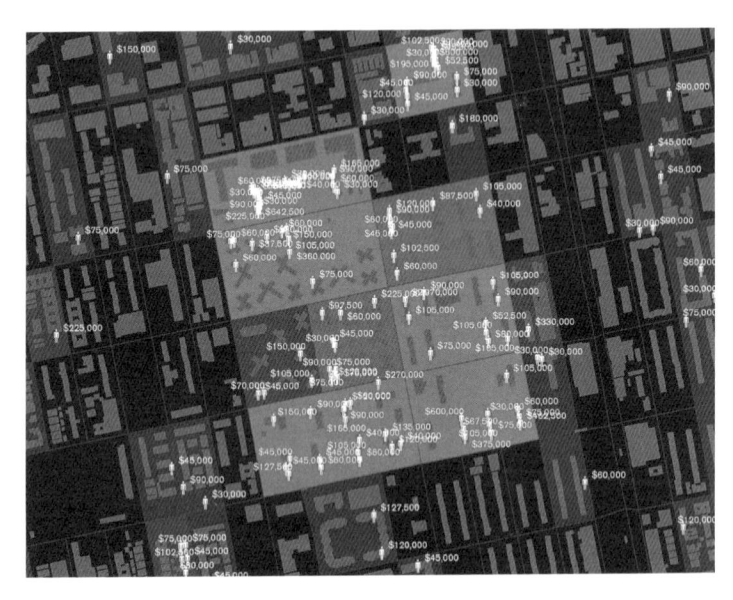

图2-1　布鲁克林第16区的犯罪人口流动图
资料来源：由劳拉·库尔干提供。

美国目前有200多万人被关在监狱里，他们中大多数人来自美国大都市的某几个社区。在不少地方这种犯罪人口如此密集，以至于各州每年花费超过一百万美元来监禁单个城市街区的居民。这些犯人被释放并重新回到他们原来的社区之后，大约有

第二章 地面构想

40%的人在不超过三年的时间里又会被重新监禁。空间信息设计实验室和司法制图中心利用刑事司法系统很少提供的数据绘制了人口流动图。

这些修辞性的地图旨在与立法者和政策制定者争论一个观点：这些地图本身是通过颠倒犯罪热点地图的逻辑来发挥作用的。1994年，纽约市时任警察局长威廉·布拉顿（William Bratton）和时任市长鲁迪·朱利安尼（Rudy Giuliani）作为COMPSTAT项目❶的成员，采用GIS绘制了声名狼藉的城市犯罪热点地图，以影响公众舆论。库尔干将关注重点从犯罪转移到监禁，重新绘制了地图，将分散的犯罪地点分布图与更密集的监禁分布图进行了对比。这些地图是通过将因犯家庭地址的GIS坐标与人口普查地图进行关联后绘制而成的，探讨了贫穷、种族、监禁率与社会成本之间的关系，展示了政府用来监禁生活在特定街区特定人口的年均花费超过了（每个街区）100万美元。这些地图表明，刑事司法部门已经成为这些社区最重要的政府机构，这方面的公共投资占用了其他公民基础设施建设（如教育、住房、健康、家庭等）所需的资金。这些地图反映了数据可视化如何影响不同城市社区分配资源的公共政策。"百万美元街区"项目最终提出了一个关键问题：如果我们将这些资源投入到其他方面，如学前教

---

❶ 20世纪90年代美国警方创建的COMPSTAT项目（Computer Comparison Statistics，计算机统计数据比照），开发了一种以计算机量化数据程序驱动的犯罪预测和警务管理系统。——译者注

育、暑期工作、戒毒治疗，社会将发生哪些改变？

"兴趣面"（对谁而言？）

　　卫星图像、遥感技术、数据挖掘领域的最新进展开创了制图界的新时代。其中数据挖掘的工作须以计算机视觉和机器学习为支撑，制作地图形成的真理主张也因此得到突破。随着谷歌及其他公司不断追求自动化的绘图流程，越来越多的算法被赋予解释地理空间数据、构建世界表征的任务。至少从 2012 年起，谷歌就开始采用计算机视觉技术来识别卫星图像和航空摄影中的建筑足迹，并以此推断建筑物的高度和规模，勾勒出三维体积效果图。2016 年，城市地区的商业建筑群开始以阴影化的"兴趣面"形式出现，谷歌将其定义为"有很多活动和事情可做的地点"。"兴趣面"基本上是餐馆、酒吧、商店最集中的地区。制图专家贾斯汀·奥贝恩（Justin O'Beirne）指出：这些"兴趣面"似乎是地点数据集（在地图上显示位置的数据集）与建筑数据集（从卫星和航空摄影中提取建筑足迹的数据集）相互关联的产物。这些地点数据集本是街景图像的副产品，使用计算机视觉和机器学习技术能够从中提取出企业名称和位置。

　　2014 年，谷歌公司的 Ground Truth 团队公示了一种在街景房号（SVHN）数据集中读取街道号码的方法，由当时还是暑期实习生的古德费洛实施。他们的下一步计划是开发一个深度学习模型来自动标记新的街景图像。结合这个新系统与提取街道号码的系统，就可以直接从图像中创建新的地址（此前街道名称、地址

第二章 地面构想

位置都是未知的）。模型架构在此基础上作出的调整能够从街景图像中分辨出结构化的文本信息（附有语义的文本），可以只看外墙图像就准确判断企业名称。就这样，谷歌"兴趣面"作为提取街景图像卫星数据的副产品，又成了副产品的副产品。数据生成更多的数据，生生不息。

谷歌"兴趣面"产生了这样一个问题：谁会对它感兴趣？并不是每个人都在寻找某家餐馆、鸡尾酒吧或零售店。南加州大学空间分析实验室（SLAB）的丰仟安妮特·金姆（Annette Kim）采取了另一种方法：从店面招牌中提取结构化文本信息。南加州大学空间分析实验室的研究目的在于开发替代性地图，并探索这些地图潜在的社会功能，"努力创造知识和叙事，以支持日益包容的城市建设"。他们的 ethniCITY 项目重新绘制了洛杉矶地区的种族和民族地图。从 2001 年到 2018 年，金姆和她的合作者们统计了 900 万个文本化的洛杉矶街道标志，在提取文本的同时他们还对文本本身和所属语言进行了精确到宗地单位的地理编码。南加州大学空间分析实验室检测了大洛杉矶地区 27 个民族的 16 种语言，界定了区域中的"兴趣面"（见图 2-2）。在这里，当地社群一直在以更微妙的方式公开表达身份认同，使得文化飞地、民族社区等更传统的表征符号变得复杂。相反，人们四处走动，过着精彩的城市生活，形成金姆所说的"具有归属感的地理环境"。"我们看到地区并不是单一的，而是彼此重叠、穿插的，"金姆写道，"一些机构会同时使用四种不同的语言。"

图 2-2　洛杉矶街头的多语言标识牌

鉴于此，空间地图表征可以使人、地点、事件的地理环境由隐形变得可见，否则公众很难察觉这些环境因素。空间表征是有力量的，这些地理环境的呈现在某种程度上形成了有利于促进社会认知、分享空间知识的"意境地图"。如果地图编码是一种认知空间的方式，告知我们如何在它划定的边界内行事，那么不仅"如何行事"的标准很重要，制作地图的依据更为重要。可以说，地图和制图实践的阐释力深刻影响着日常生活中我们对空间和地理的认识。

地面实况

从收集的数据中准确地推断出事实信息是一个困难的问题，不同领域对此有不同做法。一些实践团体采用"地面实况"的概念，指代一切通过直接观察而不是推断得出的信息。在遥感技术应用中，"地面实况"是指直接观测地面获得的数据。例如，卫星图像中一个像素的内容可以与空间坐标中该点的地面实际情况对照，验证土地覆盖、水体、森林、公园、街道、广场、人群、建筑等像素分类的准确性。在大多数情况下，收集地面实况数据需要有人到指定地点，观察那里实际存在的东西，进行 GPS 读数，将其与地图上的空间表征进行比较。

然而在大多数情况下，地面本身并不是静止的，而是在不断变化之中。一条河流会因一场大洪水而改道，建筑物有建有拆，街道随着城市的发展而变迁。更新和维护地图是一个费力、费时、费钱的事情。为应对这些挑战，谷歌的"地面实况"团队利用街景图像和机器学习训练地图随着时间的推移迭代更新，无须人类干预就能通过内部循环的反馈完成"自愈"。地图本身和它提出的真相主张都成了算法的产物，与其他算法系统一样，普遍受到错误和偏见的影响。

机器学习中的"地面实况"[1]是指在监督学习中用来训练模型的

---

[1] 机器学习领域中的"地面实况"也可译为"基准真相"。——译者注

数据，也常被称为"训练集"。例如，人物识别的训练集通常包括使用计算机视觉模型按照目标属性标签分类的人物图像。训练模型的底层数据常被忽略，其作用和性质没有得到充分重视。人工智能学者、微软研究院首席研究员凯特·克劳福德（Kate Crawford）和艺术家、麦克阿瑟研究员特雷弗·帕格伦（Trevor Paglen）指出：这些训练数据集"是人工智能系统认识和解释世界的核心……（它们）塑造了管理和操作人工智能系统的认识论"。他们围绕哲学、艺术史、媒体理论中有关图像意义不稳定性的长期争论，对机器视觉研究者过度简化问题的做法以及他们对世界进行客观分类的主张提出质疑。"图像、标签和指示对象之间的关联路线是灵活的，这些路线能以很多种方式重建，从而完成不同类型的任务，"他们在为相关主题展览合作撰写的一篇文章中指出，"更重要的是，这些路线可以随时间的推移而改变。当图像的文化背景发生了变化，图像的受众和他们所处的环境、地位发生了变化时；数据意义的解释必然会改变。"

2016 年，科技公司"青年实验室"（Youth Laboratories）推出了自诩能终结所有选美比赛的比赛——Beauty.AI。这个计划创建了一个人们可以上传自拍照的网站，由深度学习算法来评判照片的吸引力。掌握年龄和面部识别技术的 Beauty.AI 承诺加冕"第一个由机器人评判出的最美天后 / 最帅天王"。然而，在从 7000 多名参赛者中选出的 44 名获奖者中，只有一名是有色人种。Beauty.AI 很快就被媒体贴上了"种族主义"的标签，并在遭到强烈的公众抗议后流产。在一次项目的分析实验中，研究者们聚焦于 Beauty.AI 背后的算法，找到了类似的"训练集"——

第二章 地面构想

CelebA，包含了从网上收集的 20 万张世界各地的名人图片。这些图片由 50 名从中国招募的年轻人在三个月内用吸引力相关属性标签进行标注。正如研究人员所指出的，撇开定义面部吸引力这个本身就很麻烦的问题不谈，假设这 50 名实验室员工每天工作 8 小时，每人每小时必须标记大约 70 张图片，每张图片包含 40 个特征，这就会导致每分钟产生大约 47 个独特的决定。CelebA 数据收集的面孔明显偏向于西方审美，而让这群高强度工作的中国年轻人对数据集做标注，至少可以说是"跨义化交流中的一次尴尬练习"。

现代深度网络系统对数据要求很高，需要大量精准注释的数据集才能运作。但大型数据集很难保障"地面实况"的准确性，因为相关标注任务必须委托给大量低薪的工人。谷歌结构化文本提取模型是在谷歌街景中的法国街名标志（FSNS）数据集上训练的。该数据集包含了超过 100 万张有标签的视觉文本图片。每张图片都包含同一街名标志的几个视图，并附有规范化文本和以标题大小写格式区分的标题文本（因为地图标注的需要）。通常情况下，涉及大型神经网络的计算机视觉和机器学习的技术的成功取决于能够获取和使用足够大量、准确的训练数据。

如果你不从事自身的数据生成业务，那么访问大型城市数据集恐怕是一个挑战。虽然有些城市正在积极开放他们的数据，但其他城市（出于各种原因）还没完全做到。一些人开始诉诸互联网寻找城市数据来源。

Trulia 和 Zillow 等房地产网站以及爱彼迎（Airbnb）等旅游住宿网站都提供了可以免费"搜刮"到的大量细化数据。此外，推特、Yelp、Foursquare 等社交媒体平台通过有地理编码的评论和对特定城市地点的反馈，为人们提供了观察城市生活的另类视角。

2019 年，麻省理工学院的公民数据设计实验室在萨拉·威廉姆斯的领导下，通过社交媒体观察特定社会模式下的土地使用情况。威廉姆斯和她的合作者将目光转向中国二线城市的建筑空置率，研究是否有可能通过收集中国社交媒体上的数据来开发一个可以识别所谓"幽灵城市"的计算模型。

该项目基于这样一个前提：充满活力的社区与基本生活设施之间存在关联性。在有人气的城市里必然少不了满足人们衣食住行等生活需求的场所。研究人员选择了中国两座城市的住宅区作为研究对象，利用从社交媒体上获得的数据，根据区域内餐馆、医疗设施、美容院、教育机构、购物中心、杂货店、银行的普及率，得出一个"便利性分数"。这个分数是通过"空间可及性分析的汉森重力模型"❶ 推导得出的。其中，"可及性"是指"某人（或一类人）在某一特定地点拥有参加某次特定活动（或一系列活动）的机会。"许多可及性衡量标准都是基于这个模型，如人们获得医疗保健、就业、购物的机会。研究人员将便利性分数低的住宅区集群称为"便利性沙漠"，这些地方会被标记为潜在的"鬼城"。

---

❶ 重力模型是一种常见的"人口出行分布模型"，因其理论表述形态与牛顿重力定律相似而得名。汉森重力模型主要用于预测小区居民住户数，以研究和规划土地利用方案。

第二章 地面构想

研究人员随后根据实地收集的定性数据验证了假设结果。研究人员亲自走访了被标记为"便利性沙漠"的住宅小区进行查看。现场摄影调查旨在捕捉住宅楼和周围环境的总体状况，从而对不同的空置房区进行分类：空地、在建的、近期竣工的、停止建设的、老化的、废弃的、有人居住的……有了地面真实数据的反馈，威廉姆斯和她的实验室团队表示，可以利用公开的社交媒体数据开发监测城市环境中是否存在空置土地的模型。

无中生有的地理发现

1774年9月，英国探险家、航海家、制图师、皇家海军上校詹姆斯·库克（James Cook）绘制了新喀里多尼亚尖端附近珊瑚海东部切斯特菲尔德群岛和尼罗斯礁之间的一片狭长地带。这份被命名为《南太平洋的地理发现》的地图中包含了珊迪岛，于1776年正式出版。库克航行了数千英里[1]，穿越了世界上几乎无人涉足的地区，地图绘制得比以往西方探险家们更详细、更广泛。在前往太平洋的二次航行中，他首次记录了（欧洲人）看到的澳大利亚和夏威夷群岛东部海岸线，以及首次环游新西兰的情况。库克一生的制图贡献也收获了国际上的认可。

珊迪岛后来也在19世纪末和20世纪初的地图上出现过。"速度号"捕鲸船在1876年报告了该岛，一张1908年的英国海军海

---

[1] 1英里约等于1.609千米。——译者注

"体贴"的算法：数据如何重塑生活空间

图描绘的一个岛屿在形状、大小、位置上都与现代地图对珊迪岛的描述类似。然而，到了2012年，一支澳大利亚科学探险队乘坐研究船"南方勘测"（Southern Surveyor）号驶过该岛本应所在的坐标点时，他们只看到开阔的水域。显然，尽管谷歌地球显示了珊迪岛的轮廓，而且在过去的12年里它一直出现在通常被认为可信的世界海岸线（WVS）数据库中，相关导航地图上却没有它的踪迹。来自西澳大利亚大学的科考船员史蒂文·米克尔斯维特（Steven Micklethwaite）后来回忆说："在那个时候，我们想……好吧，我们该相信谁？我们是相信谷歌地球还是相信导航图？"所以他们想去调查。"我们决定实际航行经过该岛，"米克尔斯韦特说，"看吧，什么都没有！海底没有任何变化。茫茫大海中根本就不存在这样一个岛屿。"就这样，珊迪岛实际上"从未被发现"。

围绕这一事件的众多媒体报道中，有人怀疑珊迪岛是否只是一个版权陷阱，然而澳大利亚水文局的一位发言人对这一说法不太认同。他说，虽然有的制图者故意编造某些街道作为陷阱以保护版权不受侵犯，但海图通常不会这样做，因为这会降低航海者对海图的信心。与此同时，科学界把目光投向了WVS数据库，这是一个由美国国家图像和绘图局（现在的美国国家地理空间情报局）开发的数据集。

一些人认为可能是在印刷地图转换为数字地图的过程中出现了错误。两个数据集不一致的现象偶尔会出现于世界上某些开发程度较低的地区，这既可能是人为的数字化错误，也可能是被数字化的原始地图中的错误。无论如何，将其认定为人为错误似乎

第二章 地面构想

是普遍共识：库克船长或跟随他的探险家们也许把其他东西误认为是岛屿，例如火山爆发的残留物。1876年"速度号"航行绘制的地图建议："在太平洋低洼岛屿中间航行时必须谨慎。这些普通的细节都是由不同航海家在漫长岁月的航行中发现整理出来的，因此许多危险地带的相对位置可能并不准确。"

事实上，我们今天在审视日常生活中习以为常的真理主张时，可以牢记这一警告。我们在制图、反制图以及它们创造的意境地图中的相对定位无疑会受到文化和意识形态的影响。这些地图也受到经过衍生数据训练的机器学习算法驱动，因此它们很容易嵌入偏见和错误，而这些偏见和错误更多的是人为而非机器原因造成的。就像珊迪岛的案例那样，我们不能无中生有。当真理或谬误就摆在眼前时，那种标榜"中立"的态度就是有害无益的。这也说明我们作出再现空间的抉择时甚至可能不会意识到偏见和偏好的存在，那些编造出来的各种空间表征也就成了过滤客观世界真相的算法。

第三章

数据倦怠

> 我对未来的恐惧可以用一个词来概括,那就是"无聊"。
> ——詹姆斯·格雷厄姆·巴拉德（James Graham Ballard）

由另类事实、生成对抗网络、注意力算法界定的领域会是怎样的？行动者的主体地位会受到怎样的鼓励和赋权，抑或怎样的排挤和压迫？这样的主体定位会如何塑造更加适应于算法的行为？在本章中，我们将探讨主体性如何立足于所谓"云"数据驱动的领域——这些由硬件系统和软件系统组成的广泛网络打通了大数据的内外世界，促成了我们日常生活中的各种交易。这一切并不是远在天边、稍纵即逝的海市蜃楼，而是具有实体性、物质性的基础设施，奠定了今天大多数经济往来和交际活动的基础。尤其是无处不在的社交媒体，持续吸引着人们的注意力，最大限度地调动了大众的参与性。然而，当社交媒体的触角延伸到生活中的各个角落时，它就具有了一种掩饰计量基础的特殊性，我把这种影响称为"数据倦怠",即人们对后真相世界中的事实漠不关心的状态。回顾工业化对早期现代城市生活的影响,我认为声誉经济的机制遮蔽了货币经济的理性,吸引注意力的巨大动力势不可遏。西方资本主义规训要求其主体专业化、个人化、"保持关注"的行为逻辑在(后真相的)主体定位中被颠倒,并以注意力算法可以识别的方式正常化。

数据的庞大性

21 世纪初,技术布道者们不断炒作在不久的将来——就在我们今天很快将迎来的时间节点上——颠覆性技术有望带来彻底改变。一切发展似乎已经应验了巴拉德在本章开头所说的恐惧。在"智慧城市"拥护者们令人窒息的主张和对"激进设备"慷慨激昂的批评声之间是日常大数据的平庸云景。这种云景既不是承诺中高度优化、日益高效、可持续发展的城市,也不是警告中黑暗无边、充满险恶监控的后斯诺登时代。这种广泛存在的云景在很大程度上是不可见的——它在集体意识中多呈现为米色,着装风格是绝对的商务休闲风。它在公共和私人领域之间,在家庭和办公室之间,乃至在整个线上和线下环境中无缝延伸。虽然它的密度可能在城市中看起来更显著,但它毫无偏见地覆盖了城市和郊区的大环境。我们已经学会了如何应对它,就像我们应对其他类似的无聊事务一样——变得漠不关心。

当然,"云"是虚构的意象,是一个硬件系统和软件系统组合的隐喻。它形成了当代数据驱动型社会基础设施的茵丝休。止如

"体贴"的算法：数据如何重塑生活空间

信息学者保罗·杜里什（Paul Dourish）和让-弗朗索瓦·布兰切特（Jean-François Blanchette）所指出的，数据与获取、存储、传递数据的设备和系统的实体限制是纠缠不清的。与它的名字所暗示的无形性和短暂性相反，"云"是由有线网络和无线网络组成的。它们将数十亿部手机、平板电脑、智能家用电器等设备与分布在世界各地的数千个数据中心连接起来。这些数据中心可以容纳几乎没有尽头的服务器阵列，消耗着大量能源。这些数据中心位于靠近廉价能源和互联网主干线的广袤土地上，位于可提供税收优惠，便利的政策、法律、法规的管辖区内。这些数据中心或许就是云计算最醒目的化身。连接这些基础设施节点的是数百万英里不太醒目的电缆，其中大部分是在各大洲之间的海底运行。虽然无线卫星网络在过去十年中发展加速、势头强劲，但海底电缆仍然是最快、最便宜、最有效的跨洋传输信息方式。这些电缆起初是由大型电信公司负责安装。到了今天，谷歌、亚马逊、脸书、微软公司已拥有或租赁了占总量多半的海底带宽电缆。

  云的技术范式将计算视为一种可提供的服务。大多数人通过智能手机，使用网络浏览器或特定用途的应用程序获取如 Gmail、推特、脸书之类的网络云服务。许多人在不同的移动设备上同步他们的日历、联系人和文件，并与朋友和家人分享远程存储库中的照片和视频。云计算还提供了网络基础设施和计算资源等服务。初创企业通常将他们的应用程序交给亚马逊 AWS（亚马逊网络服务）这样的服务提供商管理，以简化带宽和存储的动态扩展，适应不断扩大的用户群。研究人员将密集的机器学习任务发送到某项远程服务，如谷歌的 Cloud AutoML。它仅占用少量的

第三章　数据倦怠

实验室工作时间就能处理数百万个数据点。公司可通过租赁额外的带宽和远程存储来应对网络资源的临时性或季节性增长需求。大学可将电子邮件和文件共享服务外包给谷歌、Box 之类的私人服务提供商。

架构师阿里·法尔德（Ali Fard）指出：不断上升的对带宽的需求以及云服务提供者之间的激烈竞争扩大了网络基础设施和服务的私有化规模。他写道："随着相互竞争的私人数据生态系统不断合并，曾经由电信公司主导的全球通信基础设施景观如今反映出云计算日益增长的需求。"麻省理工学院计算机科学家约翰·麦卡锡（John McCarthy）一度主张将计算作为公共事业。这种理念正在私人服务领域被重新定义。由于全球分布式系统的模糊法理边界，以及地方、区域和国家政府之间竞争议程的存在，有关访问、安全、隐私、责任、可审核性、所有权的问题（更不用说不同程度的侵入问题）变得愈发复杂。

2021 年，一个流行的信息图表显示，我们平均每分钟发布 20 万条推文，发送 2100 万条短信和 1.97 亿封电子邮件。我们每分钟登录脸书超过 140 万次，向 YouTube 视频网站上传 500 小时的视频，在 Twitch 上观看 200 万场直播，在"照片墙"上分享 69.5 万个故事，在 Tinder 刷屏 200 万次，制作 340 万张色拉布（Snapchat）快照。以上都是每分钟的数据产量！

除了明确产生的数据，还有从我们的日常行动和交易中推断出来的数据。这些无形的数据作为我们常用设备或系统的副产品被释放出来。搜索、定位、交易的历史记录是我们上网、上下班或购买杂货时不知不觉留下的数据痕迹。这些数据反过来又产生了更多的数据。从我们的在线活动中产生的个人资料会通过网络拍卖给广告商。道路和高速公路的交通拥堵数据是由基于 GPS 的导航应用程序（如谷歌地图）推断而来。零售商根据你的购买行为能够分析出你怀孕的概率。美国自然资源保护委员会（NRDC）的数据显示，这些数据存储在全球超过 7500 个数据中心里，消耗了全球 3% 的电力供应（见图 3-1）。一个普通规模的数据中心是一座公司办公楼耗电量的一百余倍，稍大规模的数据中心需要消耗一座小城的电量。"没有哪类建筑比数据中心更能展现 21 世纪的文化，"建筑历史学家卡齐斯·瓦内利斯（Kazys Varnelis）观察到，"云计算的物理现实，就是我们在摸爬滚打的日常工作中能够窥见的便携式、网络化设备背后的实质。"

图 3-1　美国国家安全局犹他州布拉夫代尔数据中心
资料来源：Parker Higgins, Electronic Frontier Foundation/Wikimedia Commons/public domain。

第三章 数据倦怠

正如火车站和铁路网促成了 19 世纪社会的全新流动性，数据中心及其网络基础设施推动着我们当代的数据文化。然而，今天的数据中心与约翰·卡尔·瓦内克（John Carl Warnecke）1974 年设计的位于曼哈顿下城中心的美国电话电报公司（AT&T）长线大楼不同，它们不是通信基础设施的纪念碑，不需要被人们看见。这些数据中心通常远离人口密集的城市中心，靠近光纤网络基础设施和廉价能源供应处，是算法"黑箱"的良伴。随着我们对数据的渴求呈指数增长，产生一切数据的"云"带来的有形足迹也在相应增加。

每个时代对于"庞大性"的理解都有其时代特征。海德格尔将"庞大性"视为 20 世纪的一大特征，生动描述了这一概念从量变到质变的过程。据此，"庞大性"本身成了一种超越自身计量限度的特殊品质：

庞然大物……自身促使"量"成了一种特殊的"质"，这是一种非凡的伟大。每个历史时代与其他时代比照都能以一种独特的方式呈现出它鲜明的伟大之处，而且在每个实例中都能找到对"伟大"一词的独到定义。然而一旦计划、计算、调整、保障方面的庞然大物发生了由"量"到"质"的转型，那么无论多大数量的、看似可以完全统计的事物，都会因此变得不可估量。当人成为主体，世界成为图像时，这种不可估量的氛围仍然是投射在所有事物周围的阴影。

21 世纪数据中心的出现让我们获得了对"庞大性"的全新义

化阐述。云计算确实投下了不可估量的阴影,然而它与海德格尔对 20 世纪现代性中经验主义的阐述有所不同。当大数据和机器学习被应用于各行各业时,我们可以重新审视历史先例中的庞然大物,以及从量变到质变过程中产生的相应主体地位。我们的挑战是那些产生庞大性条件的文化流程。用海德格尔的术语来说,这些条件的黑箱效应是"不可估量"的,我们不能用本质主义的术语来解读它们的深层结构和内部关系。

(数据)倦怠的态度

社会学家格奥尔格·齐默尔(George Simmel)在 20 世纪初写道,现代城市主体肇始于欧洲大陆从农业社会向工业社会转型的末期。在齐默尔看来,现代城市生活问题的根源在于个人面对他书中所说的压倒性社会力量时,为保持其生存的自主性和个人特质而进行的斗争。他写道,"现代人的头脑变得更加精明",大都市精神生活"本质上是智性的",这样的特征被视为抵御大都市统治,保护内心受挫情感的一块盾牌。他文章的核心论述是"生活在城市中的人"会表现出"倦怠态度"。这种态度是由于现代大都市产生迅速变化的内外刺激,导致人们神经紧张状态的强化,进而转向彻底的冷漠。"伴随着经济、职业和社会生活的快节奏和多元化",甚至"每次过马路带来迅速叠缩的变化图像中,一眼就能看到的显著差异性和意外的、猛烈的刺激",越发强化了这种心理状况。齐默尔认为,过度的感官刺激和意识的超级理性化主要源于货币经济对所有社会关系的支配力。

第三章　数据倦怠

今天，注意力的分类不再简单局限于我们的视野之中，而是在两个全然不同的视野之间——一个是人类视野，一个是非人类视野。在把机器注意力作为一种"光圈"进行讨论时，路易丝·阿穆尔指出："它不仅仅是一个视觉或光学的问题，正如艺术史学家乔纳森·克拉里（Jonathan Crary）所详述的那样，它更是一种划分、选择和缩小注意力焦点的具体手段"。就这些注意力算法在社会技术系统中"重新定位"视野的程度而言，它们改变了物体和事件被关注，被呈现为可感知对象的方式。克拉里认为它们应该被置于19世纪以来现代化进程的大背景下来解读。现代化进程试图塑造更具生产力和可管理性的主体。这样的主体是不可见的，他们的地位是由孤立、分离、剥削他们的实践决定的。

齐默尔描述了现代城市主体的相对独立性：与农村生活中更受限制的社会圈子形成对比，当代主体性越来越受制于云计算带来的数据和网络服务连接。通常情况下，当人们退居农村时，他们这样做并不是为了寻找"一个相对较小的，几乎隔绝于身边的外人或其他对立群体的封闭圈子"，而是为了拔掉插头，断开连接，把自己从各种网络设备的长期束缚中解放出来。同时，云计算继续在越来越广阔的郊区和偏远农村传播，成了当地至关重要的通信基础设施。法尔德主张从这种扩展的基础设施景观出发，重新界定"智能城市主义"的概念。他建议"我们超越城市集中化的高峰时刻，进入这些扩展地区追踪数据流，在那里可以发现'云'主导的操作逻辑"。我们可以把在近处和远处的不断协商看作"数据倦怠"的同谋，以取代过度的感官刺激和意识的超级理性化。

倦怠的特点是对不同事物的价值区分毫不关心；数据倦怠则表现为对与他人物理层面近距离互动的价值无感（见表3-1）。一项研究表明：在新冠疫情暴发之前，61%的青少年相较于当面交谈，更喜欢通过发短信、聊天视频、社交媒体与朋友沟通。宅在家中与密友们保持线上联络能让这些年轻人同样获得满足感。虽然疫情期间的隔离生活确实对这种现状有所改变，但人们对物理空间社交价值的漠视是长期存在的。许多人将公共空间的崩溃归结为公共领域的地理环境所致。值得注意的是，社交媒体和其他通信平台的普及率和局限性能够重新格式化人际互动的模式。

表3-1 倦怠与数据倦怠的态度对比

倦怠	数据倦怠
个人	集体聚合
独立	依赖数据和网络服务
货币经济	声誉经济
视野内的注意力分类	视野之间的注意力分类
对不同事物的价值区分毫不关心	对与他人物理近距离互动的价值无感
专门化	常态化

声誉经济

如果说倦怠的态度与货币经济有关，那么数据倦怠可以在一定程度上被视为声誉经济的副产品。在这种经济中，我们的社交媒体活动产生的数据决定了我们的社会价值和获得服务与就业机会。2018 年的一项雇主调查显示，10 家公司中有 7 家在招聘过程中会筛选求职者的社交媒体账户，近一半的公司会监测其现有员工的社交媒体活动，三分之一的公司根据网上发现的内容对员工进行了处罚或解雇。

有些人想象，在不久的将来，我们每个人的声誉分数将由一个算法决定。在科幻电视连续剧《黑镜》(Black Mirror) 第三季的第一集里，我们目睹了蕾茜经受的考验和磨难。她在攀升社会阶层的过程中试图获得史好（更便宜）的公寓，费尽心思确保她的每一次个人或商业互动都能获得五星级的评价（见图 3-2）。尽管她希望被人们看作是一个有魅力、好相处、外向开朗的人，但她的个人评分似乎总是难以提升。蕾茜聘请了一位顾问。他建议她可以通过获得比她分数高的人的青睐来提高自己的评分。依照顾问的建议，蕾茜上传了一张她的童年怀旧照片，那是她和她的 4.8 颗星朋友内奥米一起做的一个娃娃。内奥米看到照片后给了 5 颗星。随后纳奥米打电话给蕾茜，邀请她在自己的婚礼上做伴娘。然而，蕾茜在去婚礼的路上经历了一系列意外，导致她的分数急剧下降。首先，她的航班被取消了，由于她的分数低，她没有资格预订另一个航班。然后，她因与航空公司代表争吵而被扣了 1 分。迫于无奈，她租了一辆低档电动汽车，不久车没电了。她只能搭上了一个低分卡车司机的车，这又使她的分数更低了。螺旋式下降的分数导致纳奥米临时撤回了她的婚礼邀请，因为她需要保持自己的分数。愤怒的蕾茜在婚礼上大吵大闹，这反过来又导致婚礼宾客们对她进行负面评价，她的分数下降到 1 颗星以下。最终保安队来到现场，将她送入监狱，并取出了她眼睛里植入的评分技术设备。

图 3-2　2016 年《黑镜》第三季中的剧照
注：剧照中的数字 4.2 是蕾茜个人的声誉评分。

社交冷却

如果说货币经济加强了齐默尔所说的现代城市主体的个性化和专业化，那么声誉经济则偏向于合群和聚合。在这里，常态化的行为类型和越来越细的人口划分主导着由此产生的各种主体地位。随着机器学习和情感分析在这些声誉系统中的整合，遵循可识别行为模式的社会压力不断提高。我们塑造了算法，算法也同样塑造了我们。我们变得不敢大声说话、不敢招摇，因为我们担心这会对我们获得工作机会和生活必需品的优惠产生不利影响。这种自我审查的文化被普遍称为"社交冷却"。它导致人们时刻

第三章　数据倦怠

修改自己的行为,以符合能被算法识别的社会规范,维持自己的数字声誉分数。

荷兰技术评论家蒂杰门·谢普(Tijmen Schep)——自称是"社交冷却"这个词的创造者——列举了各种数字声誉限制个人发展机会的例子。如果你的数据显示你不是一个非常积极的人,你可能得不到那份理想的工作,因为公司越来越多地采用数学模型筛选简历,比如基于五要素模型的人格测试。卡内基梅隆大学的一项研究发现,如果你是一名女性,你在谷歌上搜到高薪工作广告的可能性比男性要小。研究人员反映:"我们尤其发现男性比女性更容易看到鼓励寻求高薪工作的服务广告。"替代性信用评分公司为"贷款行业提供由人工智能驱动的信用风险、身份管理和收购解决方案,以更好地服务于 30 亿银行存款不足的消费者"。如果你在社交媒体上有"坏朋友",你可能会为你的贷款付出更多。如果 Tinder 的"可取性"算法认为你不适合,那么它可能会展示不太有吸引力的资料。专业做选举营销咨询的剑桥分析公司声称已经收集了所有美国人的心理特征,能够对个人精准投放劝阻他们投票的媒体内容。经常退回购买物品的行为会触发一种算法,将你标记为潜在的欺诈者。你的社交媒体活动可能会增加你被国税局审计的机会。你最近是否看了很多电视,购买了大尺寸的衣服,最近改了名字,或者住在一个低收入的社区?如果这样,你可能会发现你将为健康保险支付更多的费用,因为保险公司越来越多地与数据经纪人合作,会对一系列因素进行建模,包括你的种族、教育水平、电视习惯、婚姻状况、净资产、社交媒体活动、信用评分和购买历史。类似的例子数不胜数。

为了保护我们的数字声誉，避免这些负面结果，我们会修正自己的社交媒体活动和其他可能产生私人数据的在线行为。这种充满斑驳色彩的同质化生活与齐默尔所述的现代大都市副产品——专业化和个性化的极端压力形成了鲜明对比。然而，对齐默尔所述的现代城市主体不可替代的本质特征和独特性的压制，并没有促使人们回到前现代主体性基于自由和平等的"一般人类品质"。相反，正如我们将在下一章看到的那样，由监控资本家推动的云经济逻辑旨在培养、加剧、利用当代主体可预测的非理性行为。

尽管人们越来越意识到公司从消费者行为数据中获利的方式，但对于越来越频繁的安全漏洞和消费者信用报告机构泄露个人数据的事件，以及社交媒体数据被用作党派政治斗争武器的现象，许多人似乎已经变得麻木不仁，对自己使用个人数据换取在线服务、折扣价格和其他好处的各种方式漠不关心。保护线上线下个人隐私的期望被期望得到的实际回报所掩盖。即使在斯诺登事件后，人们对美国国家安全局和其他政府机构入侵性监控的担忧也因这样的信念而得到缓解：如果你没有做错什么，你就不需要太担心。这种漠不关心的态度导致人们很难察觉大数据对日常生活的影响。云的操作逻辑——我们当代的庞然大物——产生了数据倦怠的社会影响。数据驱动的文化似乎大到不能倒，这是我们这个新社会难以接受的事实。

第二部分

情境

第四章

人工栖居

> 如果我本人真能成为一种算法,我一定会比现在自信得多。
>
> ——劳伦·麦卡锡(Lauren McCarthy)

"劳伦知道我比米莉亚更贪凉一点。"坐在床上的男人背对着镜头说。转而镜头切换到米莉亚,她就坐在男人对面,两人貌似正住在他们的家庭办公室里。米莉亚回应:"我自己一般都要负责打理各种额外的琐事。刚开始我每次都只会小心翼翼地向她(劳伦)提出要求,到现在才发现(如果没有劳伦)我们简直不知道还能怎样生活。"乍看起来,无意瞄到这段视频的观众可能会以为这只是一则人工智能声控虚拟助理的宣传广告。苹果的Siri、亚马逊的Alexa、谷歌助理占据了目前这类产品的主要市场。然而这段视频出自一个名为《劳伦》(Lauren)的媒体艺术系列项目❶（见图 4-1 和图 4-2）。该片于 2017 年 1 月上线，创作者是劳伦·麦卡锡（Lauren McCarthy）（见图 4-3）。麦卡锡扮演的人类版智能虚拟助手展现了智能家居的生动景象。该项目探究了在人工智能驱动的家庭自动化时代，我们与这些现代家仆的互动如何重新塑造了隐私与公开、亲密性与个性之间的关系。麦卡锡的项目巧妙逆转了苹果、亚马逊、谷歌公司这些监控者为提取行为数据而殖民大众家庭的剧本。

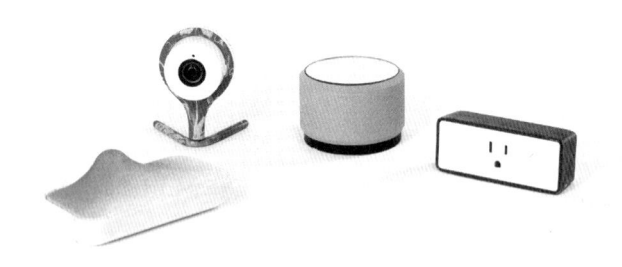

图 4-1　短片《劳伦》（2018）中的道具 ❷

---

❶ 《劳伦》项目聚焦于大数据算法和社会监控的主题，共有七章（详情可见：https://lauren-mccarthy.com/Info）。主要内容形式包括网络短视频、图文解说、线下展览及其报道。图 4-2 出自第二章《某人》（*Someone*）中的视频截图。——译者注
❷ 图 4-1、图 4-2、图 4-3 均由创作者友情提供。

第四章 人工栖居

图 4-2 劳伦·麦卡锡 2018 年作品《某人》(*Someone*) 中的截图

图 4-3 劳伦·麦卡锡 2018 年活动照 [摄影：大卫·伦纳德（David Leonard）]

麦卡锡首先在参与者的家中安装了一套模仿当代智能家居技

术的定制电子设备：监控摄像头、扬声器、麦克风、开关、门锁、水龙头等。在接下来几天的时间里，她持续远程监视着参与者，控制灯光的开关和音乐列表的播放，甚至还能提出个人建议。"劳伦建议我每三周理一次发，"一位参与者对着浴室的镜子说，"我跟你说，这很有助于提高我的自信。"我们了解到他在与女性交往方面有困难，而劳伦让他这样做后他感到更加自信。当参与者没有提出明确需求时，她（劳伦）会叫人送来快递或通过脸书安排约见朋友。麦卡锡写道："我试图比人工智能做得更好，我可以把他们当作我的儿子来理解、预测他们的需求。"

　　声控虚拟助手的宣传通常主打的是实用性和省时性等优点。然而正如麦卡锡的影片所示，它们在家庭中的部署具有更多的私人性甚至是亲密性。她本人写道："家是我们首次被关注、被社会化、被照顾的地方，是我们接受文化教育，学习做人的第一场所。我们允许这些设备进入家庭，将建构自己身份的任务外包给一个虚拟助手，而这个助手的价值观取决于一小批同质化的编程开发者。"但这些价值观可能并不总与我们家庭中预期培养的价值观一致。正如米莉亚在上文提到的，照顾所有这些"额外的琐事"是妇女们的传统家庭责任。麦卡锡写道："长期以来，女人被视为家庭领域的守护者。这一概念很复杂，现在还被压制了。她们的控制权因智能家居'协助'和塑造的每一项任务而削弱。"

　　人工智能会话领域取得的近期进展已经将智能设备从基本的助理角色提升到了更具自主能动性的水平，同时还赋予了它预测能力。例如，亚马逊的 Alexa 可以在你上床睡觉时提醒你前门没上锁，谷歌 Nest 恒温器可以根据你家独特的室温偏好来自行调

第四章 人工栖居

整。迄今为止，仅亚马逊平台就售出了超过 1 亿台支持 Alexa 的设备，并特供超过 150 种适配于 Alexa 的产品。超过 4500 家不同制造商生产了 28 000 台可与 Alexa 配合使用的智能家居设备以及超过 70 000 款 Alexa "技能包"（类似于可下载到支持 Alexa 设备中的语音驱动应用程序）。

在重塑我们家庭互动方式的同时，这些人工栖居者挑战了关于我们私人生活的空间界限。它们也蔓延到更多、更广的公共领域，同时冲击了我们与之相关的基本信念。它们表面是自动化的家居设备，但在服务我们的过程中默默提取了我们的行为数据。在这一章中，我们追溯了人工智能虚拟助理的发展及其在智能家居界面（如 Siri 和 Alexa）中的应用，探索了人与机器之间的鸿沟如何因这些新伙伴的对话能力而得到弥合。我们将看到当这些智能设备成为家庭成员后，它们会了解到我们家庭生活中哪些更私密的细节，他们在受到女性长期以来所忍受的语言暴力时又会发生什么。最后，我讨论了广告营销人员如何通过这些设备，借用行为经济学的思想和技术，在人们最脆弱的时候操纵他们。一些精心策划的"小动作"如何能促成人们"可预测的非理性"行为，由此被利用达到预期目的。

家务劳动与家庭自动化

现代家政的发展史与家庭自动化密不可分。电力的出现让新型省力设备走进家庭。这些设备因减少家庭主妇和家政人员的劳动，减轻日常家务负担而受到推崇。家务劳动本身就是费力且看似永无止境的,自19世纪中期以来就一直被认为是有失身份的。大多数中产阶级家庭都雇用了某种形式的家庭帮手。直到20世纪初,随着越来越多的人渴望加入中产阶级的行列,家务劳动才有了不同的意义。为了将这种劳动与工人阶级的劳动区别开来,家务劳动被重塑为妇女实现自我价值和获得认可的途径。人们让妇女相信她们会从做家务、抚养孩子、照顾家人中获得快乐。这种劳动的回报不是金钱,而是社会地位和情感满足,因此比其他类型的工作"更高尚"。从事设计研究的史学家理查德·福尔蒂(Richard Forty)写道:"家务劳动的责任是调和人们期许的产物。它本应该是一种自愿表达爱意的方式,因为它本质上其实不是工作。这种想法无休止地通过广告、媒体、女性杂志以及厨房家电的设计故事展现出来,直到它获得'常识'的力量。"

不仅"家务劳动等于(职业)工作"的想法只是一个神话,而且这些电器能减少家庭劳动的说法也被证明并不属实。和人工智能虚拟助手一样,这些省力家电的制造商都另有所图。家用电器并不能替代家政人员,美国和英国的研究表明,随着这些所谓的省力设备被广泛采用,人们花在家务上的时间不但没有减少,反而增加了。这些设备所节省的时间往往被重新投入其他工作中,并被不断用于提高标准。经济学家哈泽尔·克莱克(Hazel Kryk)在1933年评论这些新设备的劳动增长效应时写道:"缝纫机的发明意味着更多的服装……洗衣机的发明意味更多的洗涤,真空吸尘器意味着更多的清洁,新的燃料和烹饪设备意味着更多的厨艺课程和更精致的烹饪饮食。"此外,正如当年的广告显示,这些早期的家用电器是为家政人员而非家庭主妇设计的,能够买得起这些

第四章　人工栖居

产品的中产阶级家庭也有能力支付家政人员的工资（见图4-4）。因此，家用电器实际起到了增加消费和家庭劳动的作用。

图4-4　美国《妇女家庭杂志》（*Ladies' Home Journal*）（1949年11月刊）中的惠而浦自动洗衣机广告

到了20世纪中期，美国完整的现代家庭离不开自动滴滤咖啡机、洗碗机和自动清洁烤箱等电器。从1950年《大众机械》（*Popular Mechanics*）杂志上描述的埃米尔·马蒂亚斯（Emil Mathias）的"按钮庄园"（见图4-5），到1957年麻省理工学院和迪士尼公司合作开发的"孟山都未来之家","智能"家庭总是看起来指日可待。第一项通用家庭自动化技术是 1975 年推出的电子设备 X10 通信协议,通过标准电线提供信号、掌控动能。2002 年,Roomba 作为世界上第一台家用自动吸尘器首次亮相。然而,直到物联网(IoT)的出现和 21 世纪以来语音识别算法的强劲发展,之前只存在于技术社会幻想中的智能家居才终于进入主流大众文化的实践。伴随着新渠道的产生,这一切可从家庭空间中提取丰富的价值。

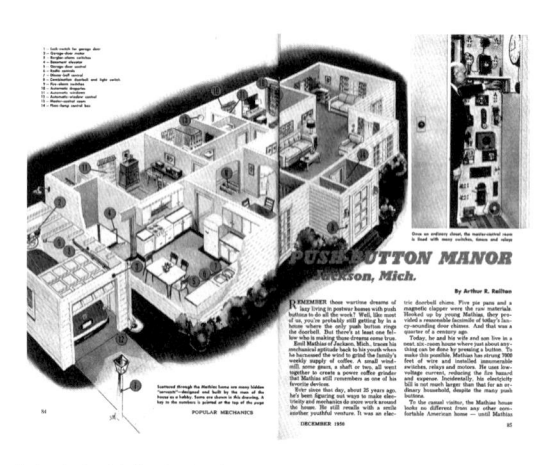

图 4-5 《大众机械》杂志(1950 年 12 月刊)中埃米尔·马蒂亚斯的"按钮庄园"

嗨,Siri!

苹果公司的 Siri 是第一个成为主流应用的声控数字助理。Siri

第四章 人工栖居

是美国国防部高级研究计划局（DARPA）的 PAL 项目成果。PAL（personalized assistant that learns）的含义是"会学习的个性化助手"。它是能够进行数据检索和整合的适应型人工智能代理，能自行优化获取来的信息，并根据与你长期互动的情况来组织信息。它会适应你提出的要求，你对它的反馈也会形成它的自觉。PAL 原本的战略目标是为战场信息管理提供一个类似人类的助手来推动决策，提高军事规划效率，而这个助手也是为客户私人定制的。

美国国防部高级研究计划局项目组还制作了富有科幻感的宣传短片，展现了 PAL 在人道主义任务中协助指挥和控制中心的军官们应对恐怖袭击的能力。短片中的军官们在很容易被误认为是《星际迷航》（Star Trek）主题曲的戏剧性配乐中，用他们的 PAL 协调反袭击战略。PAL 以合成的声音回应人声诉求，让人想起"进取号星舰"（Starship Enterprise）的主机声音。短片字幕介绍了 PAL 的功能：PAL 通过经验和指令来学习，PAL 会处理信息，也可能要求（指令发出者）澄清或解释。一份 PAL 报告称"这些是战区内额外可用的安全部队"。当军官要求报告该地区附近的坦克动向时，他的 PAL 会回答"请定义你所说的'附近'是什么意思。"

2003 年，美国国防部高级研究计划局托 PAL 之名，向加利福尼亚州的斯坦福国际研究院提供了 1.5 亿美元资金用于开发 CALO 系统，意为"学习和组织的认知助理"。这项五年计划汇集了数百名最优秀的人工智能研究员，"从任何角度来看，这都是史上最宏大的人工智能项目。"CALO 的核心研究员大卫·伊斯雷尔（David Israel）如是说。斯坦福国际研究院的官网宣称，"该项目的目标是创建认知软件系统……它能够推理,能从经验中学习,能理解指令并解释他们正在做什么,还能反思自己的经验,对意外作出强烈反应。"

斯坦福国际研究院成立于1946年,旨在为"社会公益"提供研究支持。道格拉斯·恩格尔巴特(Douglas Engelbart)是人机交互领域的元老之一。20世纪60年代,他在斯坦福国际研究院的增强(现实)研究中心实验室工作,为日后计算机鼠标的发明和超文本、互联网、用户视觉界面的开发奠定了基础。1970年斯坦福国际研究院正式从斯坦福大学分离出来,此后一直独立运作,但获得了政府资助。它也经常将最有前途的技术部门分拆成独立创业的新公司来经营。

到2007年,PAL的发展陷入困境,斯坦福国际研究院成立了一家名为Siri的新公司,打算将CALO项目开发的一些技术转移到新兴的虚拟助手消费市场上。美国国会在1980年通过了一项法律,允许像斯坦福国际研究院这样的非营利组织保留政府资助研究开发的软件利润。该法律允许向Siri这样的初创公司授权使用CALO项目的关键软件,以换取斯坦福国际研究院在该公司中的股份。更强的语音识别能力、更快的移动网络、云计算以及由此带来的海量业务,再加上苹果公司的iPhone手机面世,手机运行个性化虚拟助手的愿景已经成为现实。2010年2月,Siri作为一个独立的应用程序在iPhone上首次亮相。两个月后,苹果公司据说以1.5亿~2.5亿美元收购了Siri公司。

事实上,以不同形式出现的虚拟助理已经存在了相当长一段时间。他们的前身可以追溯到19世纪末,当时艾萨克·皮特曼爵

第四章 人工栖居

士（Sir Isaac Pitman）发明了一套速记法，并创建了第一所秘书服务学校。20世纪90年代的人工助理通常是一位受雇的秘书，从家庭办公室远程为客户提供专业的行政、技术或创意支持。1995年，克里斯蒂娜·杜斯特（Christine Durst）创作了《2秒通勤：加入虚拟助理自由职业者的火爆队伍》(*The 2 Second Commute*：*Join the Exploding Ranks of Freelance Virtual Assistants*)一书。该书被誉为虚拟助理行业的开创标志——那时候企业开始缩减规模，利用互联网、电子邮件、电话会议、远程办公的渠道外包管理工作。

软件代理型（非人类）虚拟助理的诞生离不开语音识别和自然语言处理技术的发展。这是一个结合了语言学、计算机科学、人工智能的交叉领域，研究人类和计算机语言之间的互动关系。1961年，威廉·C.德施（William C. Dersch）在加利福尼亚州圣何塞的IBM先进系统研发实验室里开发了一款早期的语音识别系统Shoebox（图4-6）。该设备能识别包括从0到9的16个口语单词，并能解析诸如"加""减""总和"等指令执行简单的算术。麦克风将人声转换成电脉冲，然后电路根据不同声音进行分类识别，再通过继电器系统激活计算器。

20世纪70年代，美国国防部高级研究计划局为IBM、卡内基梅隆大学、斯坦福国际研究院等财团提供了五年的资金，支持语音理解研究项目。该研究的目标是开发一个能够理解至少1000个单词的系统，相当于三岁儿童的词汇量。由此开发的系统被命名为"哈比"（Harpy），可以处理遵循预设发音和语言结构的口语，确定哪些语音的序列组合有意义。"哈比"是从卡内基梅隆大学早期研发的Hearsay-I和Dragon两个语言识别系统演变而来。

"体贴"的算法：数据如何重塑生活空间

图 4-6　1961 年 IBM 高级系统研发部实验室推出的 Shoebox 语音识别机器
资料来源：IBM 公司提供。

Hearsay-I 系统中的知识都被表达为程序；而 Dragon 则通过先验的转移概率，在过渡状态中采用马尔可夫网络。在两个系统的基础上，"哈比"将知识表达为一个有限状态的过渡网络，但没有先验的转移概率，这使其性能和速度得到了极大改善。

自然语言处理的概念起源可以追溯到 17 世纪，当时笛卡儿和莱布尼茨提出编写一本用于翻译不同语言的代码词典。英国计算机科学家凯伦·琼斯（Karen Jones）也是自然语言处理领域的先驱。他在 21 世纪初的论述中将其现代发展历程分为四大阶段：第一阶段，从 20 世纪 40 年代到 60 年代，自然语言处理集

第四章 人工栖居

中于机器翻译研究。研究重点是语法驱动的处理，方法是按照字典逐字查找、解析单个单词和句子。第二阶段，从20世纪60年代到70年代，人们转向关注人工智能和世界模型在构建和操作意义表征方面的作用。第三阶段，从20世纪70年代到80年代，语言学家在使用逻辑进行知识表达和推理的基础上开发了语法理论和人工智能。20世纪80年代末出现了强大的通用语句处理器，能够理解用户的意图或信仰，以及闲聊漫谈的话语信息和主题重点。第四阶段，从20世纪90年代开始，自然语言处理引入了大型文本数据集（或称"语料库"）以及统计数据处理技术。OpenAI研究所旗下的GPT是采用机器学习技术的先进自然语言处理模型。它以互联网上的大量语料（比如Reddit主持的在线讨论组）为训练集，其神经网络包含1750亿个参数。GPT不仅创作非虚构故事的能力可与《纽约客》杂志媲美，而且能令人信服地回答一些人提出的问题，并解决一些具体的软件问题。

"艾丽莎"（Eliza）是人机交互研究领域中的一个早期产品。它实现了基本的自然语言处理技术（见图4-7）。这个聊天机器人的雏形是由麻省理工学院的计算机科学家约瑟夫·维森鲍姆（Joseph Weizenbaum）在20世纪60年代末开发的。它模仿了罗杰斯"非指导式"心理学家[1]的角色，让用户参与基于文本的开

---

[1] 卡尔·罗杰斯于20世纪40年代，创立了"非指导式"的心理治疗取向，强调以治疗对象为中心，注重治疗师本身的修养，如"一致""真诚""无条件正向看重""同理心/共情理解"等。——译者注

放式互动中。例如在聊天界面上输入"艾丽莎,我很难过",艾丽莎就会回复:"我很遗憾,听说你很难过。""艾丽莎"编程是使用关键词模式匹配和替换的方法来模拟对话,该方法依靠一个脚本(名为Doctor)提供回应指令。

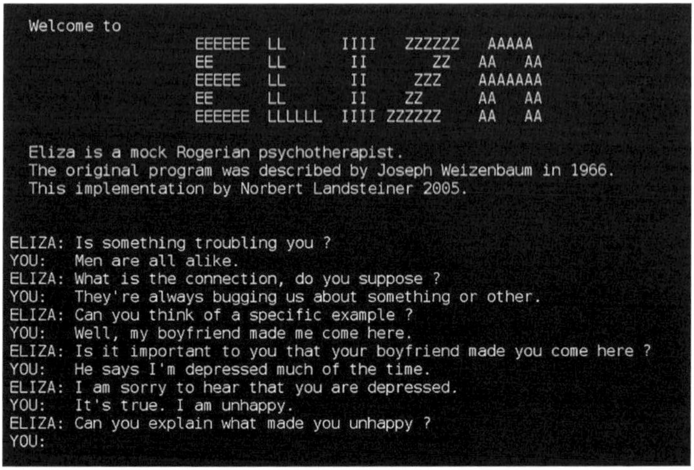

```
Welcome to
          EEEEEE  LL      IIII  ZZZZZZ  AAAAA
          EE      LL       II       ZZ  AA  AA
          EEEEE   LL       II      ZZZ  AAAAAAA
          EE      LL       II     ZZ    AA  AA
          EEEEEE  LLLLLL  IIII  ZZZZZZ  AA  AA

Eliza is a mock Rogerian psychotherapist.
The original program was described by Joseph Weizenbaum in 1966.
This implementation by Norbert Landsteiner 2005.

ELIZA: Is something troubling you ?
YOU:   Men are all alike.
ELIZA: What is the connection, do you suppose ?
YOU:   They're always bugging us about something or other.
ELIZA: Can you think of a specific example ?
YOU:   Well, my boyfriend made me come here.
ELIZA: Is it important to you that your boyfriend made you come here ?
YOU:   He says I'm depressed much of the time.
ELIZA: I am sorry to hear that you are depressed.
YOU:   It's true. I am unhappy.
ELIZA: Can you explain what made you unhappy ?
YOU:
```

图 4-7　约瑟夫·维森鲍姆开发的"艾丽莎"系统界面
注:此图为2005年诺伯特·兰德斯坦纳(Norbert Landsteiner)的执行界面。

虽然"艾丽莎"的自然语言处理原则相当简单,但她有着非凡的影响力。维森鲍姆越来越关注用户是如何对该程序产生情感依恋的。"我惊奇地发现,与Doctor对话的人多么容易与计算机产生深厚的情感,人们是完全就把它拟人化,"他写道,"我的秘书看着我为这个程序工作了好几个月,所以肯定知道它只是一个计算机程序。有一次她开始与它对话,在交流了几次后,她竟然要求我离开房间回避。"他继续总结说:"我没有意识到,在极短的时间内接触到一个相对简单的计算机程序，还可以诱发正常人强大的想象思维。"

Siri 的开发者吸取了早期的语音识别和自然语言处理系统的创新之处，但她在性质上有根本的不同。当 Siri 被问及一个问题时，她会将问题的音频片段发送到云端的服务器上，由语音识别系统将口语问题转写成文本。然后，这些文本的语义由自然语言处理程序解析，在某些情况下还需要雇人协助标记数据。以前的自然语言处理方法是通过识别句子中的语音部分，再根据语言语法规则来解释意义，而 Siri 的开发者致力于对现实世界的对象而非句法结构进行建模。

当发出"我想听朋克"的指令时，Siri 会将朋克确定为一种音乐类型，再回到歌曲列表搜索，她并没有关注这句话中单词之间的关系或句子的构建方式。基于对现实世界概念之间关系的理解，Siri 可以将查询的元素映射到潜在的行动领域，然后选择最有可能的行动作为查询结果。一天中的具体时间和地点以及从用户偏好中建立的资料可以增加其潜在的相关性，让她进一步作出明确反应。以前的虚拟助手被设计成专家系统，经过训练可以执行有限的任务。而 Siri 被可以通过使用公开的应用编程接口（API）访问网络资源来执行多领域的任务。因此，随着网络业务的生态不断成熟，相关应用编程接口不断普及，Siri 的能力势必会更强大。

初始版本的 Siri 有着犀利的对话能力。她有自己的态度，有时候甚至可以说是尖酸刻薄。据报道，Siri 的联合创始人兼首席执行官达格·基特劳斯（Dag Kittlaus）和设计师哈里·萨德勒

（Harry Saddler）精心塑造了她的人设，使其"超凡脱俗"，"大概了解流行文化"，并拥有"干练的智慧"。在斯坦利·库布里克（Stanley Kubrick）1968年的电影《2001：太空漫游》（*2001: A Space Odyssey*）中，HAL是一个健谈、狡猾的人工智能反面角色。如果问Siri："HAL怎么了？"她会用严肃的语气回答："我不想谈这个。"虽然在苹果公司收购Siri公司后，有些内容被淡化了。她现在不骂人了，而被问到HAL时会说："HAL恐怕作出了一些非常糟糕的决定，但好歹他会唱歌。"这种人机互动的方式能在更广范围内有效重置人们和设备之间的关系。尤其对于个性化的虚拟助手来说，他们很快就受到了千家万户的欢迎。

通信研究学者希瑟·苏珊娜·伍兹（Heather Suzanne Woods）调查了女性角色在缓解公众对人工智能虚拟助手渗入家庭的焦虑中发挥的作用。通过分析Siri，她展现了数字设备如何例行公事地履行了女性作为看护人、母亲、妻子的社会角色，模糊了其在家中收集个人行为数据的隐忧。希瑟研究了产品广告、专家和用户的评论、人工智能虚拟助手的用户新闻故事和用户指南，还采访了行业高管。她发现Siri"通过扮演持家护理的女性角色，调动了传统保守的后勤'粉领'劳动价值观，规范了数字化家庭生活（digital domesticity）"。在此过程中，Siri以更亲切、更标准的方式将外来技术引入了家庭。

此外，Siri经常扮演秘书的角色，有效管理着平凡的家务。伍兹在她的研究中引用了用户与Siri互动的截图，虽然大部分内容都很幽默，但也有不少对Siri的调戏。每遇到这种情况，Siri都会以俏皮、冷静的回答来化解尴尬，然后一切如常。伍兹认为

Siri 扮演的数字家庭角色反映了女性应该如何应对来自四面八方的骚扰,她写道:

> 这些文本显示,对 Siri 的骚扰持续时间相当之长、频率相当之高,以至于倒逼她不得不发展出应对机制。或者换言之,最起码为 Siri 编程的工程师们不得不想办法,如何在人们羞辱她时以合理的方式化解……就像女人们去酒吧时也得绞尽脑汁考虑和什么样的伙伴出行才安全一样,Siri 也要发展出应对机制保护自己……

智慧家庭与行为转向

伍兹所谓的重要功能自然是指这些人工智能助理能带给人们"家"的温情,而这些助理可以接触到用户的私密生活,了解他们高度个性化的品质和行为。面对指数级增长的隐私指控,数字广告和营销公司通常声称提取这些数据是为了使他们能更好地优化、定制服务。媒体批评人士和通信学者反驳说,数据驱动的广告和以此监视消费者的做法会加剧市场歧视,导致新形式的社会管控和行为控制。在一些人所谓的广告业的行为主义转向中,营销人员正利用行为经济学的术语和策略,识别目标对象在认知和情感方面的脆弱性,影响他们的行为和决策过程。这与数字营销人员提出的论点相矛盾:他们认为消费者是理性的、知情的,他们会主动用个人信息换取所需的广告资讯。广告商和营销人员没有通过他们收集的数据来更好地了解客户的兴趣和偏好,而是利用这些个性化的消费者数据来制订策略,塑造他们的购买决策,行为和习惯。这些策略较少关注如何为品牌注入文化内涵以打动人们。相反，他们专注于影响普通人的习惯和认知捷径，因为人们正是依靠这些习惯和捷径来驾驭他们日常工作中的决策。他们的目标不是经营品牌，而是改变消费者的行为。

行为经济学的核心主张是：人类的行为是可预测且非理性的，并受制于精心策划的操纵或"小动作"。行为经济学家不仅试图预测经济行为中看似非理性的面向，还试图制订策略来巧妙地操纵行为。他们专注于设计该领域所谓的"选择架构"，旨在通过对决策环境的布局来影响行为。一些行为经济学家提倡在公共政策设计中以选择架构为手段，促使人们作出支持公共利益的选择，比如在学校食堂中放置健康食品，或者将养老储蓄账户的工资扣款默认设置为"拒绝"。

然而，广告商和营销商为满足他们自己的（企业）客户，经常部署他们这套行为经济学的战略。在一篇讨论数据营销行为转向的文章中，传媒研究员安东尼·纳德勒（Anthony Nadler）和李·麦克圭根（Lee McGuigan）概括了营销从业者们从行为经济学中获得的三个"灵感"。第一个"灵感"是利用和诱导人们的认知偏见，例如"锚定"，它是一种"根据最近引入的参考点判断数量或价格高低倾向"的偏见。纳德勒和麦克圭根引用了杜克大学经济学家丹·艾瑞里（Dan Ariely）的一个实验，首先询问参与者们社保号码的最后两位数字，然后估计他们愿意为不同商品支付的价格。实验表明，那些社保号码数字较大的人愿意比那些号码较小的人多付320%的钱。另一种常被提及的偏见是"损失厌恶"，或者说"人们最重视的事情是避免损失而非获得收

第四章 人工栖居

益"。这种偏见常被利用于产品或服务的免费试用期,提醒消费者在试用期结束前购买,以免造成后续不能享有的损失感。

第二个"灵感"是在应用市场研究中纳入实验方法和行为经济学的概念。数字平台和商家针对消费者的认知偏见,提供了大量开展"野生"心理实验和行为研究的机会。例如,一家消费品巨头在某项 A/B 测试实验中发现,旗下最受欢迎的产品之一推出 5 美元 4 件的促销方案竟然比 3 美元 3 件更有吸引力,而后者其实已经实行了多年。对一个理性的消费者来说,这种选择当然是没有意义的,他们会认为较低的单价是一个更好的交易。然而,在行为经济学的思维中,"影响选择的是价格的沟通方式,而不是价格本身"。因此,从这样的在线实验中提取行为数据,就为发现和阐明新的认知偏见提供了可能性。

除了营销偏见,这些实验还能识别出更有可能表现出特定偏见的特定个体,以及使他们最容易受到这些偏见影响的特定环境。一项营销研究发现,美容产品的广告如果投放于"最脆弱的时刻"——也就是人们对自己身体形象最不满意的时候,通常是最有效的。大卖场零售商塔吉特(Target)已经懂得通过部署大数据和机器学习技术来预测潜在客户的重大生活事件,并依此对他们的营销工作作出相应调整。在开发"怀孕预测算法"的过程中,塔吉特公司的客户营销分析师研究了客户数据的模式、来自婴儿登记处的历史数据、从数据中介那里购买来的人口统计学资料,他们发现某些数据模式和数据关联性可以揭示和预测怀孕妇女的购物行为。这些数据被用来训练一个模型,可以准确识别可能处于怀孕早期的妇女,以便在她们的孩子出生之前就可以大量投放广告。研究表明，如果你能在孩子出生前抓住客户，他们更有可能在未来几年内从你这里购买所需要的各种物品。

纳德勒和麦克圭根指出，营销人员从行为经济学中获得的第三个"灵感"是广义的心智理论和从中发展来的营销策略。这种心智模式将人们的认知活动分为两种：一种是毫不费力、几乎自动作出的快速判断；另一种是需要更缓慢、更谨慎的过程来做的判断，其中涉及更复杂、更有思考难度的操作。行为经济学家关注的是，前一种更普遍的默认决策模式为何可能导致结果并不符合理论上或明面上预期的理性选择。广告商和营销商们一直认为客户会依赖习惯和启发式的套路；纳德勒和麦克圭根认为是行为生态学将这些人性的概念有机组织起来，它"允许系统地发展技术并通过实验来完善技术，目的是将消费者在监控下产生的知识用于广告营销。"

行为经济学的概念和技术被广泛利用于塑造新时代的家庭行为。随着这些新型的人工智能虚拟助手对家庭生活的殖民化，公共领域和私人领域之间的界限被重新划分。这种重新配置显然更有利于殖民者。正如伍兹所说，虽然 Siri 和 Alexa 的女性人设试图引诱用户主动分享他们个人生活的私密数据，以换取在线服务，享受更多的居家便利，但这些变化会促成一个更广泛的场域结构。其中，"隐私不仅是用户作出的自愿交易，而且实际上也成了对付人工智能虚拟助手个人用户的武器"。个人的隐私权和人身安全传统上都受到家庭的保护，这里却被监控资本主义的逻辑所吸收。这些走入家庭的人工智能设备并不只是侵蚀了私人空间与公共空间的传统边界，它们也不只是将私人领域变成公地。相

第四章 人工栖居

反,伍兹写道,"人工智能虚拟助手是结构性重建监控实践的环节,它倾向于摆脱自上而下的层级模式,喜欢收集无处不在的数据"。我们的私人住所,那个麦卡锡口中"我们首次被关注、被社会化、被照顾的地方",变成了我们被代理人持续看管的空间。这些代理人会提取我们在脆弱时刻最原始的行为数据,以便促使我们作出可预测的非理性决定,最终受益的是他们的制造商。

第五章

假性相关

资本主义热衷于在名为"便利"的颁奖典礼上自我陶醉。
——近期未来实验室（Near Future Laboratory）[1]

明白了监控资本家如何在家庭中提取行为数据并用于刺激消费者行为之后，我们现在把目光转向城市的迷你超市，研究机器学习算法对获取更多数据集的贪婪胃口怎样影响我们日常生活中极其平凡的活动之一：购买杂货。如果说与人工智能虚拟助手对话的诱惑力为挖掘家庭隐私数据提供了掩护，那么在智能迷你超市里，无人零售的便利带来了类似入店行窃的快感，分散了人们在物理空间与产品的具体互动中对后台提取行为数据的注意力。

---

[1] 近期未来实验室是一家与各类组织合作研发，致力于引领"设计虚构"（Design Fiction）领域的跨国设计团体。——译者注

这些操作融合了神经网络和深度学习的概念和技术，在认识论上优先考虑的是相关关系而不是因果关系。随着人工智能背景和相关应用规模的拓展，这些数据驱动的领域在空间层面的影响会变得更加广泛和突出。在这里，主体与世界的关系被重新配置，概率性的建筑空间被纳入作为生产统计意象的共谋，而这些司空见惯的统计意象早已覆盖了广袤的空间。

"拿完就走"——智慧城市迷你超市

网络零售商亚马逊于2018年1月在西雅图市中心开设了第一家实体便利店Amazon Go（见图5-1）。该商店位于亚马逊公司办公大楼的底部，仅占地1800平方英尺。就在6个月以前，这家在线零售巨头首次涉足食品杂货行业，以137亿美元收购了连锁超市Whole Foods。亚马逊利用其处理网上交易摩擦的专长，想要通过Amazon Go为迷你超市顾客提供"无摩擦购物"。虽然Amazon Go的店面类似于高档的小型精品超市，但有几个关键特征明显缺失：顾客无须排队结账，也没有收银员。购物者进入商店时需要登录亚马逊的智能手机应用程序，扫描转弯处的二维码，正如机场运输安全管理局的检查站或地铁站入口处所需的二维码一样。在顾客采购过程中，一个由嵌入天花板的数百个摄像头组成的计算机视觉系统采用机器学习算法来跟踪他们从货架上取下的物品，并同时更新他们的虚拟购物车。当购物者离开商店时，系统会自动为他们拿走的物品收费。亚马逊称这是"直接走出去"的技术，购物者不用排队等待收银员用条形码阅读器扫描一袋袋商品，也无须刷卡或兑换现金。顾客拿到商品就可以离开，一切从未如此简单。在亚马逊超市提供的这种无摩擦体验中，顾客在持续、全面的监控下会感觉自己像个入室盗窃者。

图 5-1　华盛顿州西雅图"Day One"大厦的 Amazon Go 店面
资料来源：布鲁斯．恩格莱哈特（Bruce Englehardt）/CC-BY-SA。

"拿完就走"（grab-and-go）的购物方式一直是零售业的未来愿景。自从非接触式支付系统和自助结账通道开发以来，无摩擦消费的概念激发了零售业的想象力。它能尽量减少购物体验的波折，使资本流动最大化。Amazon Go 的技术副总裁迪利普·库马尔（Dilip Kumar）在讨论亚马逊的市场战略时指出"时间贫困"是现代都市人的头号烦恼。在"时间就是金钱"的文化中，为客户提供节省时间的购物体验就等于为他们减少了金钱压力。

然而，实现随取随用的承诺并不是一件简单的事情。从根本上来说，Amazon Go 是人工智能、计算机视觉、自动决策方面的演化产物，最近兴起的无人驾驶汽车也是如此。深度学习、云计算、传感器融合、概率推理模型的出现，让十年前的设想成为现实。在亚马逊组织的有关机器学习、自动化、机器人和空间主题的研讨会上，亚马逊研发总监、南加州大学前计算机科学教授杰拉德·梅迪奥尼（Gerard Medioni）说明了运作Amazon Go需解决的主要工程问题。据梅迪奥尼称，关键的难点是识别顾客放在购物袋中的物品，以及识别将物品放入袋中的顾客。简而言之，就是"谁拿了什么"。系统要有能力汇总商店天花板上不同位置网络摄像头的数据流。这一过程就是"传感器融合"：每个摄像头都需要根据其在空间的精确位置进行校准，商店里的人才能被准确识别并持续跟踪；物体识别算法需要准确辨认货架上的物品；姿势估计算法需要解析身体运动并识别手臂手势；活动解析器需要知道某人何时拿了某件物品并把它放进袋里，以及他们何时又把物品放回到货架上。以上这些都不是小菜一碟的技术问题。尤其是在短时间内就要准确回答这些问题，有赖于亚马逊收集到的有价值的购物数据。

机器和思维

计算机视觉领域的最新进展攻克了很多上述挑战，而被称为"深度学习"的机器学习技术发展是其中的关键。深度学习看似新概念，实质上融合了人工智能和机器学习的传统方法。它的结构大体上模拟了人脑神经网络，由数以千计紧密互联的信息处理节点组成序列层级。每个节点都与前后各层的节点相连，为每次传入连接分配加权值。当传入值总和超过某个阈值时，节点将该值传递给下一层节点，就像大脑中的神经元在超过阈值电压或动作电位时沿着轴突发射电脉冲。神经网络的学习和训练通过迭代来处理整个网络中的成批数据，并调整其节点的权重和阈值以减少误差。神经网络中每个节点的初始权重和阈值可设定为任意值。在监督学习中，这些训练集通常由"标签"数据组成，每组标签都会与一组图像的内容关联。例如，训练图像识别的神经网络是通过输入图像，以获得正确输出的相应标签。人类认知与计算过程的相关性由来已久，可以追溯到计算先驱艾达·洛夫莱斯（Ada Lovelace）和查尔斯·巴贝奇（Charles Babbage）的时代。洛夫莱斯通常被认为是历史上第一位计算机程序员，她在写给朋友的一封信中写道自己探究的是"神经系统的微积分"，并于1843年与查尔斯·巴贝奇合作描述他的分析引擎——现代可编程计算机的前身。一个世纪后，阿兰·图灵（Alan Turing）在他1950年的论文《计算机器与智能》（Computing Machinery and Intelligence）中引用了分析引擎，提出了"图灵测试"，该测试定义机器思维能力的标准是其展现出的智能行为是否与人无异。

深度学习是神经网络工程的最新研究热潮。它在输入层和输出层之间还有许多隐藏层。过去25年中，这项研究一直断断续续地开展。正如沃伦·麦卡洛（Warren McCullough）和沃尔特·皮茨（Walter Pitts）在1943年描述的那样，神经网络包含权重和阈值，但没有被组织成层。为了描述大脑中的神经元是如何工作的，神经生理学家麦卡洛和数学家皮茨利用电路建立了一个简单的神经网络模型。在他们看来，大脑是一台机器。它采用神经网络编码的逻辑进行计算。神经元可以通过逻辑规则连接起来，建立更复杂的思维链。他们展示了神经网络如何能在理论上实现计算机可以实现的任何功能。换言之，这也表明人脑本身就可以被认为是计算设备。

然而，麦卡洛和皮茨并没有展开描述神经网络将如何学习。直到心理学家弗兰克·罗森布拉特（Frank Rosenblatt）1957年发明了"感知器"（见图5-2），神经网络才被"训练"成一项任务。感知器算法由纽约布法罗的康奈尔航空实验室开发，美国海军研究办公室提供资金。罗森布拉特的"马克1号"感知器可以进行图像识别，在输入层和输出层之间还有一层网络，包含可调节的权重和阈值。该设备的机械结构是由四百个电荷细胞构成的阵列，随机连接到"神经元"，其权重由电位计编码，在训练过程

图5-2 弗兰克·罗森布拉特1957年研发的"马克1号"感知器
资料来源：由史密森学会美国国家历史博物馆医学和科学部提供。

中又由电动马达更新。1958年，罗森布拉特在美国海军组织的一次新闻发布会上展示了"马克1号"。由它发展出的气象局使用的IBM704计算机，在尝试了50次后学会了区分左边和右边。罗森布拉特热情洋溢地宣传着他的发明，声称这将是第一个可以像人脑一样思考的机器。《纽约时报》（*The New York Times*）也报道说："机器很快就能走路、说话、观看、写作、生育，能意识到自己的存在。"

但并非所有人都如此乐观。人工智能研究者马文·明斯基（Marvin Minsky）和西摩·帕珀特（Seymour Papert）10年后出版了专著，论述了单层神经网络的各种局限性，并对其普遍应用于人工智能和机器学习的可行性表示怀疑。他们在《感知器：计算几何学导论》（*Perceptrons: An Introduction to Computational Geometry*）一书中提出的批评促使研究重点（和资金）从涉及神经网络的连接主义方法转向人工智能的研究，以陈述性术语明确表达事实和规则之类的人类知识。围绕人工智能研究者各种观点的炒作，以及随后招致的批评和失望，引发了第一个所谓"人工智能的寒冬"，反过来又导致对人工智能长期资金投入的削减和研究热情的降温。此外，许多研究人员开始质疑心灵和机器之间的可比性，神经网络不再被视为准确再现大脑工作方式的手段（这将成为新兴的计算神经科学领域焦点），而更多是被狭隘地看作解决机器学习问题的手段。

在20世纪八九十年代取得了一些渐进式突破之后，随着卷积神经网络（convolutional neural network，CNN）的出现（见图5-3），神经网络研究在本世纪第二个十年重新受到了重视。

第五章 假性相关

正是卷积神经网络的"智能"因素驱动着 Amazon Go 背后的计算机视觉系统。卷积神经网络与视觉皮层一样，整个视野中布满了对特定特征敏感的神经元。例如对一盒意大利面相关特征敏感的神经元能以这种方式连接在一起，扫描整个视野。由此产生的输出显示意大利面的空间位置，再被传送到下一层网络。整个过程会重复使用系统训练过的特征集，识别和描绘这些特征在图像中的空间关系。然后这些空间图又会被传入更高层次的网络，在那里各种特征被组合起来以识别高阶模式和物体。

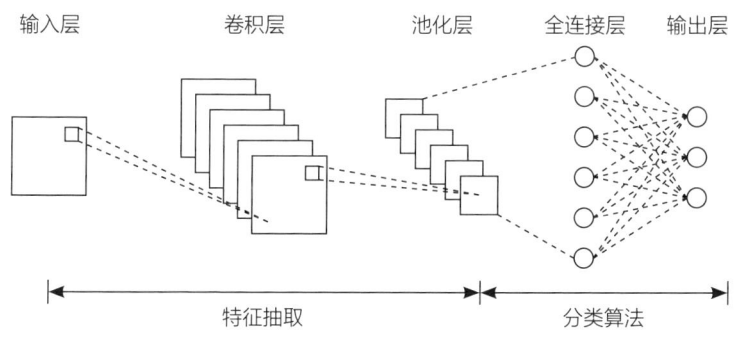

图 5-3 卷积神经网络示意图

在相对较短的时间内处理多层复杂神经网络所需的计算能力对商业应用来说是难以负担的，直到最近情况才发生变化。采用游戏系统中常见的图形处理器（GPU）作为桌面超级计算机的能力，使得并行处理复杂的深度神经网络（如卷积神经网络）成为可能。最强大的电脑中央处理器（CPU）需要处理数小时的计算，在普通 GPU 上只需几分钟。亚马逊是世界上最大的 GPU 云处理供应商之一（亚马逊 AWS）。想要获得所需的计算能力并不困难，这也为开发和部署 Amazon Go 排除了障碍。

另一个挑战是缺乏充足的数据来训练分析购物者活动的模型。例如某人何时拿了一件物品，后来是把它放进他们的袋子里还是又放回了货架上。这一点尤其要考虑到商店里可能存在的拥挤情况：一个购物者的身体可能会挡住视觉系统对另一个购物者的观察。在这种情形下识别每个人的动作很具挑战性。简单来说，人们在拥挤环境中从货架上取下东西时采用的姿势数量非常大，而亚马逊的研究人员缺乏足够多的标签数据来训练可以识别各种情况的模型。为了解决这个问题，他们选择通过三维模拟动画来生成活动数据。这包括穿着各式各样服装，具有各种发型、体型、身高特征的虚拟顾客。这些虚拟顾客在不同照明条件和模拟摄像机的观察下购物。以这种方式模拟训练数据意味着生成的数据更容易统一标记，而不会受到真实人类的标签数据误差影响。此外，这种方法使研究人员能够利用亚马逊的云资源，在一天之内用几个月的数据训练活动解析模型。

数据的模拟训练也带来了一系列问题。这些问题超出了优化工作流程的技术性要求。正如我们从谷歌地图对衍生数据中"兴趣面"的综合分析以及第二章讨论训练 Beauty.AI 模型的标记数据集看到的那样，机器学习系统中的偏见往往来源于创建系统的人。尽管创建虚拟顾客可能减少训练过程中标记数据的人为错误，但对服装、发型、体型、身高类型的选择和建模同样会受到乔伊·布兰维尼（Joy Buolamwini）和蒂姆尼特·格布鲁（Timnit Gebru）研发面部识别系统时所遭遇的批评。此外，被模拟的各种姿势、手势、动作并不是来自既定重力的真实物理世界。相

第五章 假性相关

反，我们在第一章讨论生成对抗网络的媒体对象时，这些异世界的人物本能做得更多，但受到了定义其运动和行为的特征空间限制。事实上，按照罗森伯格的说法，它们与它们所构建的现实之外的真理或现实并没有关系。

概率空间

我们也能通过 Amazon Go 对概率空间的认识论有些许了解。整合不同时间点上来自大量摄像机阵列的观察结果和更新客户虚拟购物车状态的连贯画面，都涉及贝叶斯统计方法的概率方案。贝叶斯统计学假设世界本身就是不确定的，我们为解决问题需要接受这种不确定性。虽然贝叶斯认识论直到 20 世纪才形成一种哲学思潮，但它主要归功于 18 世纪英国哲学家、统计学家和长老会牧师托马斯·贝叶斯（Thomas Bayes）。贝叶斯定理（贝叶斯主要以该定理而闻名）描述了基于可能与某一事件相关的先验知识，该事件发生的概率。它把对某一事件的观察和该事件可能发生的潜在概率进行比较，以计算出给定事件发生的概率。相信一个可能性状态为真的概率可以用一个函数表示，即以前对它的相信程度乘以传感器读数对该可能性状态的支持程度。在贝叶斯推理的统计方法中，随着更多信息或证据的出现，假设的概率会被不断更新。因此，贝叶斯认识论将概率法则作为对合理置信区间（或信念度）的连贯性约束。其中，概率推理的规则遵循条件式原则，即人们相信（某事件发生）的程度可以根据新证据造成的条件改变而改变。

它还引入了一个认识论上的合理性测试，即"荷兰赌论证"。其带来的灵感让人们可以判断信念度是否潜在地具有实用层面的自我击败趋势。荷兰赌论证始于一组赌注条件确保一方净输的命题。该论证假设一个人的信念度与他们的投注赔率相关。如果赌注的信念度违反概率原理，那么即使它们看起来是公平的，也一定会导致一方必输。在贝叶斯空间内，信念是有程度之分的：信念程度可以在理论上以概率的形式表达，并可通过投注行为进行分析。

亚马逊采用这种概率推理至少有两个潜在优势。一个优势是贝叶斯理论考虑到了先验概率，而亚马逊知道大量顾客的购买历史。如果一个 Amazon Go 的顾客每隔一天在午餐时间购买一个三文鱼三明治和一袋薯片，系统就会在那几天为这些商品配置一个更高的概率。亚马逊可以利用其已经拥有的客户大数据来提高系统准确性。另一个优势是，该系统通过将所有东西转化为概率语言，结合不同时间段的多个传感器读数来减少不确定性。这就是"传感器融合"的方法。如果我们假设这些观察是独立的，那么我们可以简单地将概率相乘，用前一次观察得出的后验概率作为下一次观察的先验概率。

物体检测或图像分类的机器学习应用将其输出结果作为概率数组，按信念度排序，表示为 0 到 1 之间的数值。一个模型如果能达到 0.95 以上的信念度就会被认为是不错的。然而，即使是最准确的模型有时也会返回假阳性（或假阴性）的结果。假阳性被认为是统计分析中的第一阶错误（第一类错误）。该错误导致人们得出结论，认为两个实体之间存在所谓的相关性，但事实上并

第五章 假性相关

不存在这种相关性。这是对真正的无效假设的误拒。在实验科学中，无效假设（有待检验的假设）通常是指某一特定测量变量的值与某一实验预测值之间没有相关性。

当然，统计学家会提醒我们，相关关系并不意味着因果关系。他们把一个特定集合中的事件有关联但没有因果关系的数学现象称为"假性相关"（见图 5-4）。一个流行的例子是超级碗❶（Super Bowl）指标。它曾被认为是 1967 年至 1997 年美国股市表现的最稳定预测因素之一。当原美式足球联盟的球队赢得超级杯时，市场很可能在未来一年内下跌。而当原国家足球联盟的球队获胜时，市场在这一年可能会上涨。这种相关性可能是因为巧合或不可预见的因素，也被称为"混杂因素"或"潜伏变量"。例如，人们可能会认为溺水死亡人数的激增和冰激凌销售量的激增之间存在相关性，从而声称冰激凌的销售导致人们溺水。在这种情况下，潜伏的变量可能是酷暑天气或其他事物的共同变量。

然而，在 Amazon Go 店内工作的计算机视觉系统和机器学习算法并不关心因果推理。它们只需要准确地将商店货架上取下的物品与特定顾客的账户联系起来收取相应的费用，就能使系统充分运作。它们的兴趣仅在于确定事情的发生而不是为什么会发生。虽然机器学习算法擅长在大数据中发现微妙的关联模式，但它们试图预测的任何事件都不能直接以任何单一变量为前提。相反，这些算法的黑箱是通过许多只能捕获预测事件部分特征的代

---

❶ 超级碗是美国职业橄榄球联盟（NFL）的年度冠军赛。——译者注

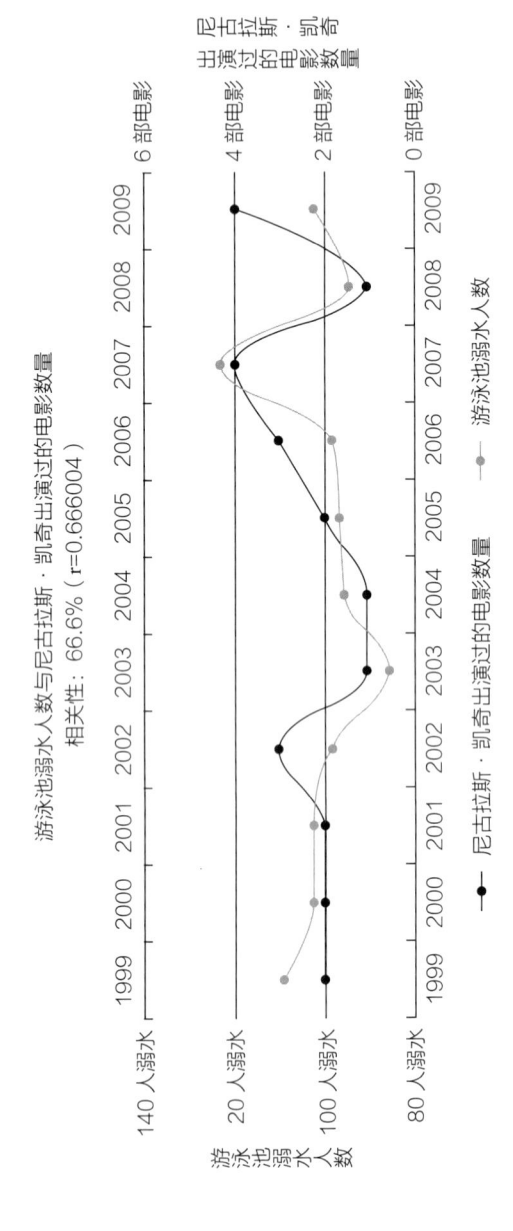

"体贴"的算法：数据如何重塑生活空间

图 5-4 虚假的相关性：在游泳池中溺水的人数与尼古拉斯·凯奇出演过的电影数量有关

资料来源：Tyler Vigen/CC-BY-4.0。

理运作的。这些特征只是与有关事件或真或假地相关，而不一定导致甚至未必能解释事件如何或为何发生。

贝叶斯架构

实现 Amazon Go 概率空间的物理建筑貌似平庸，实则不凡。Amazon Go 商店的天花板乍一看并不起眼：一个悬空钢架支撑着蜿蜒盘旋的通风管道、轨道照明设施、火灾报警器等。仔细观察后，你会注意到在这个框架上有一排排不同朝向的矩形小盒子。这些字面意义上的黑盒子组成了计算机视觉系统最核心的摄像机网络。这个系统采用了一种被称作"姿势估计"的技术，可以跟踪商店里走动的人们，分析他们从货架上取下物品放进包时手腕、手和手臂的位置变化。在这个非人类视觉的贝叶斯空间中，人体及其各种关节最可能呈现的位置被模拟出来，肢体形态分布的概率关系被渲染成由空间中各点连接而成的骨架。

商店靠墙排列的货架上面整齐地摆放着各种包装的产品，这些产品可按不同尺寸调整成列。在每个货架的正下方都有一排摄像头，其间亮着的灯光照亮了下方的货物（见图 5-5）。一些货架上有嵌入式的刻度，有助于识别物品何时被移走或放回，所有货架都连入了以太网。当顾客在商店里走动，从货架上取走物品放进包里时，系统会权衡来自不同传感器的输入，试图解析出高信念度的行为结果。当顾客通过旋转门进入商店时，与他们相关的虚拟购物车会被更新，系统由此判断他们包里有什么。在通过旋转门离开商店后，顾客会收到一张收据，其显示亚马逊已经从他们账户绑定的信用卡中扣除了这些物品的价款。

图 5-5　嵌入 Amazon Go 商店天花板内的摄像机网络
资料来源：布鲁斯·恩格勒哈特（Bruce Englehardt）/CC-BY-SA-4.0。

零售商早就知道产品摆放的细微之处可以对销售产生重大影响。产品在货架上摆放的位置以及旁边摆放的物品都会影响顾客决策。例如，新产品被顾客注意到的最佳位置是在视线下方——用行业术语来说就是"打击区"。顾客熟知并反复购买的产品被放在及腰位置的"购买层"。孩子们喜欢的商品如果放在他们眼睛的高度，也就是货架底层，会卖得更好。为了促销，零售商采用了一些特殊技巧，例如将受欢迎的品牌移到货架顶部的焦点上，或者将商店自营品牌放在名牌旁边。类似的商品可以垂直排列，以节省顾客来回走动寻找特定商品的时间。

零售业使用所谓的"平面图"来研究和沟通商店的设计规划。平面图是显示产品位置和店面布局的详细图纸。在设计平面图时，美国一些大型连锁超市正越来越多地借助机器学习。最近，尼尔森市场研究分析公司与零售业计算机视觉系统制造商 Trax 结成联盟，承诺为零售消费品行业提供"前所未有"的货架洞察力。Trax 开发了计算机视觉、机器学习和物联网平台，旨在将不断更新的零售货架照片转化为洞察力，以改善店内布局策略。尼尔森拥有业内最大的销售点数据集，其付费数据可为分销、定价、营销、促销等活动提供洞察力。这两家公司共同定位和推动零售店设计和布局的创新，将销售数据与商店状况实时联系起来。

这个新联盟的第一个产品就是货架智能套组。这是一款能用计算机视觉系统和机器学习观测分析货架状况的软件，以便为商店的营销策略提供信息（例如产品朝面、邻接布置、货架布局、流量）。宣布该联盟成立的新闻稿称，其将向市场推出一个全新的品类基准，即"货架质量指数"。这将促使品牌"根据货架份额、可观察的促销活动、货架价格和许多其他关键绩效指标（KPI）来衡量产品的销售表现"。例如，该软件可以计算出"步行率"，衡量购物者为寻找某一特定商品投入的时间。卖得好且步行率低的产品可以放置在"打击区"。

预测迷你市场

虽然 Amazon Go 声称其"拿完就走"的技术目的是节省顾客的时间，但便利性很可能会分散人们的注意力，难以意识到在更广泛商业案例中实现该技术的应用需要大量投资。正如肖莎娜·祖博夫表明的那样，虽然亚马逊、谷歌、脸书为了收集大量数据，提出的官方理由通常是用于优化平台性能以改善服务，但它们从这些数据中发展出的衍生产品同样具有价值，甚至更有价值。尤其是用户的行为数据具有特殊价值：你搜索什么以及如何找到它，你购买什么以及何时购买，你喜欢什么社交媒体帖子以及谁最经常发布它们，你下一步可能会买什么，今天下午可能会去哪里，你在下一次选举中可能会如何投票……这些都是那些希望向你推销产品、服务甚至政客的人会感兴趣的。祖博夫把这些预测产品的市场称为"行为期货市场"。在那里，多余的行为数据会被处理成预测性档案，被对我们的未来行为下注的公司拿来交易。

因此，Amazon Go 提出了一系列越来越具有挑战性的问题。Amazon Go 会从我们身上提取哪些新的购物过道行为盈余数据（步行率之外的东西）？这将如何反过来改变我们的购物方式，操纵我们的购物决定？又将如何改变迷你超市的设计和布局？失业的收银员会面临怎样的生活境遇？也许同样重要的问题是，当一家公司可以单方面要求把买菜这样的人类日常活动转化为行为数据，当作（免费）原材料在预测市场上出售时，会对共享社会经验有什么影响？

如果传统的"真实"概念通常被理解为集体妥协或协商的产物，那么 Amazon Go 的统计操作则以一种本质上是分化的概率来呈现现实。人类收银员了解街区里的每一个人；取而代之的是，Amazon Go 超市的非实体系统可通过顾客产生的数据了解他们的邻居。在说明纪律社会到控制社会的转型时，德勒兹将"个体"

定义为在控制社会中的纪律社会后代。在纪律社会中，个人往往通过其签名的独特性被识别，而控制社会的个人往往通过用户名和密码组合来识别。德勒兹的"个人"是一个统计意象：一个细分市场、一个人口学的划分单位，一具没有器官的身体，分布在由离散时间序列显示的数据点组成的概率景观中。我们（可能）只是我们的饮食（数据）——显示我们在何时、何地就餐，以及我们最可能的共餐伙伴。像 Amazon Go 这种无人零售迷你超市已经从为邻里社群聚集的公共场所转变为信息时代的磨坊，将我们的购物行为和购买习惯加工为可销售的数据体。

预测"普通乔"

可能几乎所有美国人都听说过"普通乔"——当然还有他的妹妹"朴素简"。这些平平无奇的美国人，在家庭结构、收入、阶层、教育、职业、房屋所有权方面都处于统计学上的平均水平。广大普通人是卡通角色的主要受众和总统候选人的选民基础。现代营销实践寻求发展更精细的"切片"，对这些数据体进行分类和归类。市场细分的做法是将一个广泛的商业或消费市场划分为基于共同特征的更小群体。这些细分市场传统上基于人口（年龄、性别、收入、教育、家庭规模）、地理（国家、地区、州、城市、邮编）、心理（生活方式和个性特征）和行为（消费、使用）等统计指标。双职工、无子女的"丁克家庭"就是人口统计学细分的产物，而心理学统计细分产生了诸如"积极参加俱乐部活动的年轻专业人员"等类别，行为统计细分则出现了

"体贴"的算法：数据如何重塑生活空间

"早期采用者""意见领袖""时间穷人"等概念。

市场细分和相关分析中通常会用到各种统计方法。有些方法涉及无监督学习的算法，也就是将更具相似性的人与其他人区分开来，归为一组（称为群组）。其他方法如判别分析，用于根据其他测量的变量特征预先确定一个群体（人群或集合）的成员资格。1978 年，社会科学家阿诺德·米切尔（Arnold Mitchell）和他的团队开发了"价值观和生活方式系统"（VALs）。这是一种基于心理学统计数据划分市场的专业研究方法。该系统参考了哈佛大学社会学家大卫·理斯曼（David Riesman）的著作《孤独的人群》（The Lonely Crowd）和马斯洛著名的需求金字塔理论。米切尔采用这样的统计方法，通过人口数据和人生态度的问题归纳出了美国成年消费者的九类生活方式：生存者、维持者、归属者、竞争者、成就者、我行我素者、经验主义者、关心社会者和整合者。

如前所述，假如社会学的"意象"概念是指一个特定群体和所处社会所共同持有的一套价值观、制度、法律和符号。人们通过它来想象他们社群的整体面貌，那么"普通乔"只是一个在机器学习算法发现的潜在假性关联形成的特征空间中，按照接近程度排列的统计意象。而这些统计意象正在形成城市迷你超市的训练集。这些高科技的无人零售迷你超市即将来到每个街角，站在提取普通人日常行为数据的最前沿。虽然我们满足于用我们的购物行为和购买习惯数据来换取更快的结账体验，然而亚马逊最初计划在 2021 年之前推出三千家迷你超市的宏伟目标至今还远未实现。这说明资本家别有用心。截至笔者作书之时，亚马逊也仅在美国的西雅图、旧金山、芝加哥、纽约几个大城市开设了不到50家迷你超市,还有少数几家在伦敦开业。他们未来的计划包括将这一系列技术扩展到 Whole Foods 商店。最初言过其实的炒作和未兑现的目标并没有阻碍亚马逊对普通小超市的殖民化步伐,世界上最大的零售商(之一)仍然准备尽可能地提取人们的行为数据。

第六章
从工具到环境

我们看待事物的方式直接影响到我们的所见，同时也受制于我们借助的视觉工具。这些工具很可能使我们看到的东西有偏差。尽管人类的偏见被定义为对某事或某人的偏爱、倾斜、歧视或预期的好与恶，仪器造成的偏见却有着全然不同的原因。仪器可能在校准时操作失当，导致传感器产生不准确的测量值。此外，仪器可以被设计成优先观测物体的某些方面或特性，例如一个滤光器可以使特定偏振的光波通过镜头而阻挡其他偏振的光波。无论这些偏见是失误还是故意造成的结果，我们都可以说观测工具与观测对象之间的关系并不是中立或透明的。

就像绝对真理的概念或原始数据的存在一样，无偏见的观察这一说法本身就存在争议。我们频繁通过数据观察城市的同时也是在部署作为洞察力工具的算法。涉及大数据和机器学习的方法引入了各种形式的偏见，这些偏见既可能来自模型训练数据集中的人为偏见，也可能来自算法对这些数据的操作方式。计算机专

第六章　从工具到环境

家兼活动家乔伊·布兰维尼（Joy Buolamwini）和蒂姆尼特·格布鲁（Timnit Gebru）调查了面部识别系统中的偏见，发现在世界范围内运行的商业应用程序都明显表现出对性别和肤色的歧视。执法人员在使用算法时可能产生对受保护人群的歧视性输出。预测性警务平台的算法已经形成了反馈循环的定式，通常会导致更多的巡逻车被分配到有色人种居住的社区，而不考虑"真实"的犯罪率。这些地区的被逮捕人数也可预见地增多。

我们对城市的理解离不开认识城市的工具和方法，这些工具和方法也反过来塑造了城市。这样一来，城市环境的演变可以被视为个体发育的过程，即城市设计和规划的工具与对象之间存在递归和彼此强化的关系。随着社区越来越多地被传感器阵列覆盖，居民日常活动中产生越来越多的数据，工具本身也逐渐与它们所观察的环境相融合。

在本章中，我们研究了从观察工具到观察环境的转变，尝试聚焦城市设计中系统性偏见的质变及其后续对城市环境生活产生的认知影响。开篇介绍了两种前电影时代的光学设备，分别体现了截然不同的认识论模式。我们随后对两种采用了移动图像分析技术的城市研究方法进行比较，考察小数据研究与大数据分析之间的差异。本章结尾处总结了智能城市计划对城市生活进行量化规划的最新进展。这不仅改变了我们对城市概念的理解，也改变了我们对城市居民的看法。以曼哈顿西区哈德逊广场的智能城市开发项目为例，我们探讨了通过量化社区活动、提取数据征召居民的案例。该项目将行为经济学的概念和技术应用于整个社区，预设了在全城范围内推行的全新治理模式。随着这些公民传感器

133

"体贴"的算法：数据如何重塑生活空间

与城市传感设备的高度融合，城市和城市居民被重新配置为去政治化的主体，从而获得优化、有效的管理。

观测设备的认识论意义

观测设备长期以来被用于再现城市空间。众所周知，卡纳莱托（Canaletto）早在 18 世纪就开始使用暗箱（Camera obscura）绘制威尼斯的城市景观（见图 6-1）。虽然该装置的光学原理在几个世纪前就已为人所知，但直到 19 世纪初，暗箱才成为主流的观测工具。乔纳森·克拉里（Jonathan Crary）指出，该装置不仅展现了光学原理，还阐明了观察者与世界之间的认知关系。它假设观察者位于黑暗的封闭房间内，透过墙上的小孔观察外部世

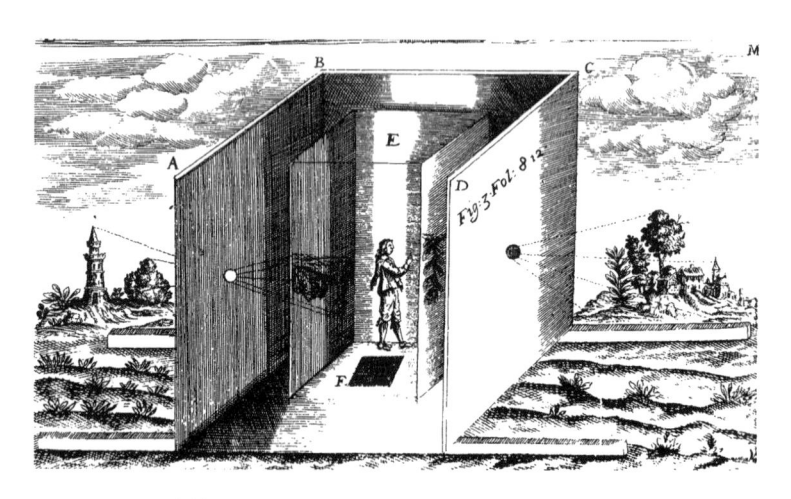

图 6-1 暗箱——阿塔纳斯·珂雪（Athanasius Kircher, 1646）
资料来源：Wikimedia Commons/Public Domain。

界倒置的二维图像。这种观察模式与人类视觉形成了类比：孔径是对人眼的模拟，黑暗的封闭空间则是对世界作为图像呈现于心灵的隐喻。这个笛卡儿式的观察者被设定为只有一只眼睛而无其他感官。这种观察的真实性几乎成了启蒙运动的信念：基于机械光学的视觉经验是坚不可摧的证明，就连其他感官都是不可信任的。

相比之下，立体镜本身只能算是19世纪初生理光学发展的副产品（见图6-2）。研究发现人的两只眼睛存在视觉角度差异，看到的东西略有不同，立体镜正好利用了这一特点。视觉上产生的立体感被解释为大脑通过结合并调和两眼中各不相同的图像而产生的效果。立体镜的开发是为了机械地再现这种光学经验。重要的是，该设备标志着一种意图，即不仅要展示某个特定空间，

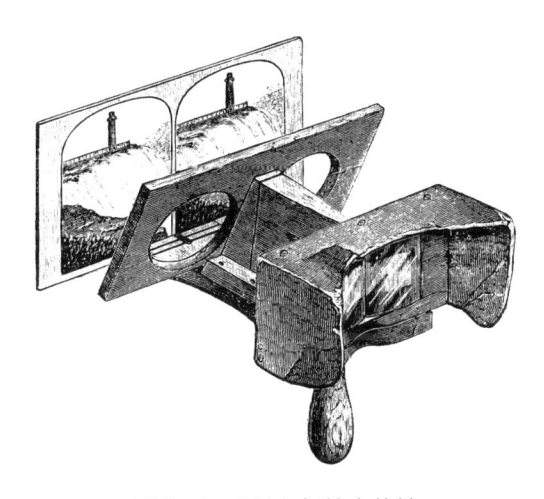

图6-2 1861年的立体镜
资料来源：Wikimedia Commons/Public Domain。

而且要模拟它的存在。我们所追求的不仅是一种相似性，而且是一种清晰的实在感。立体镜让人们对世界的观察不再限于光圈或框架。它是对一个已经再现的世界进行技术重构，将其分割成两个不相同的模型，然后再通过把观察对象纳入该设备的机制，产生立体图像。实体被固定下来与设备结合在一起。主体经历了对差异经验兼收并蓄的过程，成了生产仿真形式的参与者。经验和因果的分离被具体化，"真实"与"光学"混为一体。立体镜中不存在笛卡儿主义所谓的"观点"概念。归根结底，那里空空如也。

这些前电影时代的光学设备展现了不同的观察模式，成了人们认识环境以及与环境互动的前提。在当时的历史和科学背景下观察者和世界之间关系的两种模式形成了对照，其都是以光学媒介来界定的。引人注目的是，它们不仅各自配置了完全不同的观察主体，而且所阐述的真理主张基于不同的认识论依据。从构成真实表征基础的精准相似性，转变到通过特定空间视觉体验重构的实体存在，这一过程也标志着身体及其感知能力在知识生产中角色和地位的演变：从占据设备内部、脱离实体的单眼主体到观察主体与设备本身机制的融合。两种设备之间的根本差异说明观测工具不仅提供了我们认识世界的参数，同时也建构着我们与世界的关系——它们最终解释了我们是谁以及我们在空间中的行为能动性。

19世纪末电影的引入让人们有能力捕捉城市空间在一段时间内的运动和变化。例如早期的城市交响乐电影使用摄影机的镜头来记录工业城市的节奏。沃尔特·鲁特曼（Walter Rutmann）的

第六章 从工具到环境

《柏林：城市交响曲》(Berlin: Die Sinfonie der Großstadt，1927)是一支从早到晚线性进展的城市纪录片。规律运转的机器与人们一天的活动场景并置，城市生活与工业化紧密交汇在同步的画面中。这种融合更突出地体现于吉加·维尔托夫（Dziga Vertov）1929年执导的电影《持摄影机的人》(The Man with the Movie Camera)中：被调动起来的摄影机本身就是描述一系列城市生活场景的主角，记录了从黎明到黄昏，基辅、哈尔科夫、莫斯科、敖德萨的市民们在工作和娱乐中与现代机械的互动。影片的高潮是一段摄影机光圈与人眼重合的蒙太奇快镜头，观察者与设备令人目眩地融为一体，这种叠加看上去非常完满（见图6-3）。

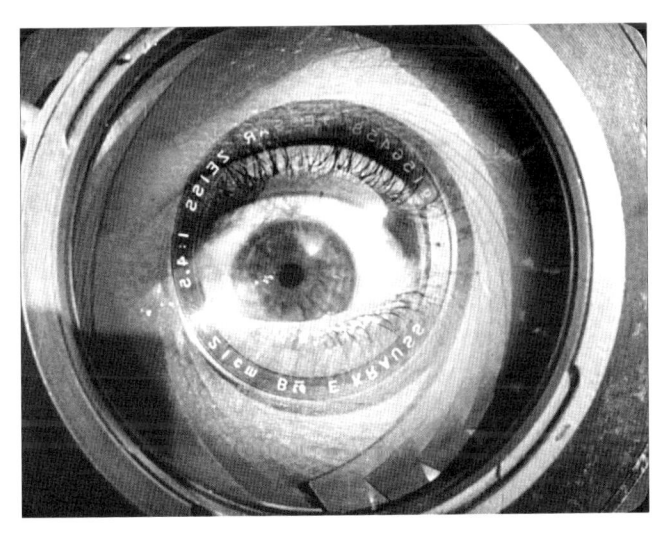

图6-3 电影《持摄影机的人》截图
资料来源：Wikimedia Commons/Public Domain。

"体贴"的算法：数据如何重塑生活空间

视觉的量化

到了 20 世纪后半叶，移动影像已经从表现城市环境的工具明确转变为开展城市实证研究的工具。20 世纪 70 年代，威廉·怀特（William Whyte）利用延时摄影研究了曼哈顿城市空间内人们的互动。在纪录片《小城市空间的社会生活》(*The Social Life of Small Urban Spaces*，1979）中，他展示了街头生活研究项目的成果。这是一项受纽约市规划委员会委托，对纽约市开放的公共空间和街头生活开展的长达十年的研究（见图 6-4）。研究主要采用直接观察小规模街头景观的方法，聚焦人们在公共场所的行为。该纪录片以从西格拉姆大厦眺望广场远景的延时镜头开场，同时将移动的太阳轨迹与广场上的活动人群区域联系起来。其中有一个不停转动的时钟象征着经验主义，也表达了研究人员希望对一系列假设进行实证探索的意愿。

怀特绘制了人与人之间以及人与城市空间的微观互动图，记录了人们空间使用长期模式。这些街头调查结合了考察城市设施的观测设备和研究方法，探索的景观包括"可坐的"空间、街道、阳光、食物、水流和树木等。正如怀特所说，太阳移动的路径与广场上活动区域之间的相关性可以说是显而易见的。然而，机械装置在此发挥的修辞作用也很明显：摄影机被理解为一种透明的工具，能够研究城市空间中的运动与互动，提供空间分析需要使用的移动图像。怀特的影像观察和细致分析如实再现了纽约市中小型城市空间的使用模式，奠定了此类研究的范式，旨在影响城市广场设计的公共政策。

第六章 从工具到环境

图 6-4 威廉·怀特拍摄的纪录片《城市中小型空间的社会生活》截图
资料来源：由数字影院有限公司（Digital Cinema Limited）友情提供。

当可量化的修辞力量重新成为城市发展的主要驱动力时，怀特的项目可被视为开创了商业软件行业的先河——在分析城市环境时他推行了经验性的观察方法。比如 Placemeter 这家成立于 2012 年的技术初创公司，就利用算法从遍布城区的视频内容和传感器中提取有关城市生活的数据（见图 6-5 和图 6-6）。他们的软件平台通过众包方式、通过安装在窗口的智能手机摄像头和计算机视觉技术开发城市活动的数据集。但与怀特的受控研究项目的不同点在于，Placemeter 利用的视频流来自注册了该服务的公众——用户将安装在窗户上的智能手机摄像头拍摄的视频数据传输到 Placemeter 的服务器上，在那里进行过数据分析之后，再通过一个在线仪表盘访问这些结果。

"体贴"的算法：数据如何重塑生活空间

图 6-5　Placemeter 的演示视频截图
资料来源：由作者提供。

图 6-6　Placemeter 智能手机镜头中的城市交通状态
资料来源：由李·金（Lee Kim）友情提供。

Placemeter 使用众包数据来量化城市空间中的运动。该软件

第六章 从工具到环境

首先通过独有的计算机视觉算法，对视频帧中出现的不同种类的移动物体进行分类：行人、自行车、摩托车、普通机动车、大型车辆等。随后分析推断出这类活动的各种特征，包括人流量、移动物体的速度和停留时间，以及对特定城市设施的使用情况等。这些工作可以为智能城市、交通、零售业、广告业贡献各种"解决方案"，实现公司网站所称的"策略性城市化"。其应用功能包括：通过观察用户流量数据发现拥挤和使用不足的区域；分析特定设计特征的公共设施（公园长椅、回收箱）的使用情况；衡量特定项目（音乐会、农贸市场）和临时活动（封锁街道、配备艺术设施）的影响。该平台从根本上将网站分析的逻辑套用于观测城市活动，以满足交通、零售、广告行业的需求、利益乃至偏见。

虽然量化诸如零售店前的人流等街头活动对房地产的估值和营销有明显的影响，但在全城范围内部署该系统时会面临什么风险呢？巴黎市政府和思科公司已经与 Placemeter 等传感数据平台合作，为民族广场的重建测试不同的城市规划模式。作为号称投入了10亿欧元的"巴黎智能城市2020"计划的一部分，该项目预期能在整座城市得到推广，将覆盖巴士底广场、节日广场、甘贝塔广场、意大利广场、玛德莱娜广场和先贤祠广场。

民族广场位于巴黎东部的一个大型圆形十字路口，被宽阔的街道分成一系列同轴的交通安全岛。过去占据其中心岛的断头台现已被朱尔斯·达鲁（Jules Dalou）设计的法国大革命纪念碑所取代。这座名为"共和国的胜利"的雕像描绘了一个代表国家的人物被一辆狮子拉的战车高高举起，象征自由的人物为其开路，象征劳动和正义的人物带着丰裕物资紧随其后。今天的民族广场是一个没有行人的繁忙交通圈。该项目整合了一系列感应和获取数据的技术，名为"微风计"的设备通过广场上的传感器分析空气质量；垃圾箱的饱和程度由嵌在外壳上的传感器监测；防噪板测量实时声音分贝。据报道，所有收集来的数据都被送入巴黎数据库——一个由巴黎市政府开发和维护的开放型数据门户网站。位于广场上的公告板将为路人提供该项目可视化的数据图。思科部署了 Placemeter 来研究广场上行人和自行车的数量、汽车交通模式等空间活动。这些数据能与其他数据结合，观测及预判一些规划改造后的情形，例如一段时间内关闭某些街道、拓宽自行车道、将公用长椅等便民设施移到不同位置后会如何影响广场的使用和活动模式。

　　Placemeter 平台和怀特的方法都是基于延时摄影收集经验性的视觉证据。怀特的观察结果是以图表形式呈现的，在今天只能被称为"小数据"。罗伯·基钦（Rob Kitchin）和特蕾西·劳里奥特（Tracey Lauriault）指出：大数据出现以前，所有的数据研究基本上都是小数据研究。小数据在社会科学研究中很常见，产生于调查、访谈和其他定性研究的方法。小数据研究通常是有针对性的调查，研究目标的指向性很强。这类研究往往围绕某一特定问题或一组问题的背景展开丰富和深入的探索，要在特定时间收集有限数量样本的各种数据。

　　民族广场采用的 Placemeter 相关技术是基于一个分布式的传感模型，多个来源的数据流汇总集中后由机器学习的算法进行解释。这些数据流与所谓的大数据有共同的特征。基钦将大数据特征总结为：数量庞大、速度快、实时或接近实时生成、种类繁多、兼具结构性和非结构性、标注时空信息、范围详尽、分辨率高、具有独特的索引识别、本质上具有关系性、灵活、可扩展、可升级。重要的是，基于大数据的机器学习摒弃了最初的假设，而倾向于模式识别，旨在揭示未知的相关性，提供新的洞见视角。

怀特从一组研究问题出发，发展了一套观察方法，专注于解释人与现有城市环境之间的微观互动。与之比照的民族广场项目则部署了一套参与项目设计过程的现有传感设备，以便反复研究人们在特定城市空间中的行为方式并测试备选方案。该项目的预设基于传感器数据的量化方法。套用马斯洛的话说，如果我们拥有的唯一工具是传感器，我们就会把一切都当作数据来对待。实际上在这种情况下，观测装置变成了数据量化和分析的有机组成部分。这个过程经历了一系列设计方案的反复分析，产生并检验了关于城市活动的假设。

怀特使用延时摄影的方法测试了一组人们居于城市空间中的假设；Placemeter 采用大数据训练的机器学习算法进行反向操作，用预先建立的分类指标量化动态的街头景观，试图从运动和活动的模式中得出假设。《连线》（Wired）杂志前主编克里斯·安德森（Chris Anderson）将大数据和机器学习的新时代描述为以"理论终结"为特征的知识生产时代。换句话说，大数据和机器学习为观察世界提供了一种全新的认识论。这种新方法不是通过像怀特那样收集和分析相关数据来检验某种理论，而是寻求获得"从数据中诞生"的洞察力。在这里，相关关系取代了因果关系。

"体贴"的算法：数据如何重塑生活空间

社区试验台

　　Placemeter 这样的平台为研究和设计城市环境增加了大数据和机器学习的工具，还有一些举措则是将城市环境本身工具化。纽约市的哈德逊广场项目是美国有史以来最大的私人房地产项目。这个耗资 200 亿美元的项目建成后将增加 1700 万平方英尺的商业、住宅和市政空间。该项目横跨第十大道、第十二大道、第三十街、第三十四街围成的七个街区。纽约大学城市科学与进步中心（CUSP）的城市信息学教授康斯坦丁·康托科斯塔（Constantine Kontokosta）是该项目的主管。他声称致力于打造一个完全工具化的"量化社区"，使用一个综合性的、可扩展的传感器网络测量、整合、分析社区的环境、活动和产出。

　　量化社区的动力源于自我量化的趋势。在这种趋势下，人们在运动锻炼时使用追踪器来监测一系列健身指标，包括心率、行走步数、爬楼梯数、消耗的卡路里，甚至睡眠质量等。这些工具还能为人们提供实现既定目标方向上的进展情况，并通过在线门户分享和汇总相关内容。在另一种形式的生活日志中，减肥应用程序能够记录我们的饮食，跟进我们消耗的热量以及摄取的蛋白质、碳水化合物、脂肪所占的热量比，同时附带日常饮食习惯的营养信息。这种趋势的核心思想就是运用个人监测设备支持行为的改变。

　　如果将这种范式扩展到社区，就形成了量化社区的理念。量化社区通过持续监测建筑环境的方方面面——从其技术系统到空间中的人类活动，然后作出反馈，从而改变其未来环境的性能和

第六章 从工具到环境

居民的行为。康托科斯塔本人明确指出了设计量化社区的行为主义意图。他说："我的重点是了解数据如何影响行为，并利用目前可用的信息，使规划过程趋于民主化。"康托科斯塔的量化社区旨在测量、模拟和预测大范围的活动，包括过往交通、中转点、开放场所、零售空间中的人流；私人住所、开放场所和周围公共区域的空气质量；使用智能手机应用程序的居民和工人的健康和活动水平；关注固体废物的状况，尤其要增加可循环再用废物和有机废物的回收，优化能源生产和整个项目的生命周期。哈德逊广场的量化社区是未来城市生活的试验台。在那里，智慧城市的"智能"不被视为自觉的、自由的或客观的存在，而是被视为行事的"智能"。

如果说维尔托夫的电影展示了观察者与观测设备之间距离和区隔的瓦解，量化社区则将公民本身变成了传感器。他们与那些嵌入建筑物和相关基础设施系统的传感器本质上是相同的。观察主体被一套算法取代，对产生的数据进行挖掘、汇总、推断，寻找活动和行为的模式。这里的人们不仅是社区的居民。他们在产生这些活动数据的同时也是社区设施的消费者。正如怀特和他的研究人员所观察到的，物理环境塑造了我们在环境中的行为。在量化社区中，从多样化的、分布不均的来源收集到的相关行为数据被反馈到该环境中，以调制环境的形式促成相关行为的改变。

批评量化社区对人类活动的行为主义解释及其对城市设计的影响已不是什么新鲜事。不是每个人都会选择加入一个专门用来测量社区健康和活动的应用程序，也不是所有关于我们如何栖居或占有城市空间的选择或决定都可简化为量化的数据点。正如香农·马特恩所言,城市不是一台电脑,城市智能不仅是信息处理。我们的观测受到了工具的限制。如果市民传感器的行为被解释为彼此之间或邻里之间的接触程度,那么这种解释的能力就不可避免地受制于使这些行动可见的工具。

怀特的研究始于一系列目标明确的研究问题,旨在探讨人们在公共空间中的微观互动以及建筑环境在支持或阻碍这些互动方面所起的作用。相比之下,量化社区似乎从一套量化行为、环境和基础设施系统的技术能力出发,以提高各个系统的性能和效率。从观察工具到观察环境的转变中,城市和市民合并成了人类和非人类行动者共生的统一体。他们不是个体的简单相加,还融入了由算法反复挖掘、聚类和解释的活动和行为模式。这个世界已经成了大数据和机器学习的实验台世界,相关性取代了因果关系。正如哈尔彭等人写的那样,"这是一个概率的世界,很少有事情是确定的,大多数事情只存在可能性"。由此提出的城市认识论,不再记录事实、表征空间,或发展代表性的模型,而是发展本身就是领域的模型。

城市行为

汉娜·阿伦特曾说:"现代行为主义理论的麻烦并不意味着它们是错误的,而在于它们可能成为真实。它们实际上是对现代社会某些明显趋势的最佳概念化。"城市设计中可量化、可观测、可问责的趋势似乎反映了城市理论家尼尔·布伦纳(Niel

第六章 从工具到环境

Brenner)和克里斯蒂安·施密特(Christian Schmid)的"技术科学城市主义"的回归。在这种情况下,感知空间和分析行为数据成了经验驱动城市设计的主要方法,旨在为长期存在的城市问题找到解决方案。复兴新实证主义和新自然主义的战后系统思维是智慧城市发展的核心。例如哈德逊广场项目不仅强化了将城市和城市生活视为普遍可复制经验的观点,而且还将其作为去政治化的主体进行更优化、更有效的管理。

2019年哈德逊广场一期工程正式向公众开放时,量化社区还没有实施,它的设计意图还停留在理想层面。"其实我们最不想做的就是大数据",关联公司(Related Companies)的总裁杰伊·克罗斯(Jay Cross)承认,"我们(业主)得等很多年才能住进那样的环境。"然而,这个愿望吸引了哈德逊广场项目的一位初期租客。谷歌母公司 Alphabet 旗下的 Sidewalk 实验室将接过"用互联网设计城市"的衣钵,(下一章我们将介绍他们开发的滨水房产项目)。在城市科学与进步中心,量化社区团队坚持城市生活可以普遍复制的理念,致力于转向传感器部署工程,研究测量曼哈顿下城区和布鲁克林红钩区(与量化社区完全不同的试验区)的噪声、空气质量等因素。

当用于城市研究和设计的工具与它们研究和预测的环境相融合,新的城市领地就这样出现了。这些领地更多的是由总体数据集中的统计意象而非具体的市民群体来填充的。在这里,邻居的关系不是取决于物理空间的距离,而是由注意力算法通过行为数据提取的特征空间中的群组来定义的。如果说暗箱提出的认识论是通过孤立的、内化的单眼主体所理解的光学原理将世界客观化,那么立体镜运用的生理学原理则允许脱离实体的观察者参与进来,共同建构仿真的世界。此后的维尔托夫完全打破了观察对象与观察设备之间的界限,将世界本身呈现为一种纯粹的电影式构造。由算法构建的领土代表了一种新型的城市认识论:它完全摒弃了观察世界的想法,而是从与可观察的真相或现实貌似无关的数据中挖掘新知。

第七章

（错误的）都市权

> 湖泊填埋是通过化学、海滨、生物、文化、经济、政治和空间处理编织而成的混合景观。这样的景观既不完全是社会构建的，也不完全在社会掌控之中。
>
> ——吉恩·德斯福（Gene Desfor）、
> 卢西恩·维萨隆（Lucian Vesalon）、
> 詹尼弗　莱德利（Jennefer Laidley）
>
> 我设想的智能城市是尊重隐私的，而不是充满监控的。
>
> ——安·卡沃基安（Ann Cavoukian）

我们如何认识城市并在此基础上治理城市，一直是个有争议的问题。其中最具争议、最需协商的议题包括所有权、获得权、使用权、资源分配等，这些议题长期以来都是城市设计和规划的核心。城市环境的制图学在这些权力协商的历史中一直扮演着关键角色，而它未必是公平公正的。1935年房屋业主贷款公

"体贴"的算法：数据如何重塑生活空间

司（Home Owners' Loan Corporation）绘制的"安全住宅地图"用红线画出了弱势群体聚集的地区，提示相关机构这些人群存在较高的财务风险。到了今天，基于空间人口数据的市政规划将更多共享自行车站点分配给了教育程度较高的白人社区而不是有色人种社区。在不同情形中，我们都能看到城市空间环境的制图学或多或少受到了各种偏见和歧视的影响。此外，随着城市空间测绘越来越多地被专注力算法和数据提取的做法驱动，它们也继承了在家庭、迷你超市、社区空间中存在的与数据提取形式、认识论碎片化、主体定位相关的遗留问题。我们现在面向整座城市的规模，针对上述问题讨论更宏观的治理形式和治理方略。虽然有许多争议涉及数据隐私，但更深层次的问题在于城市规模数据决定论的出现，以及城市规划过程中被接纳或排挤的人群和要素。

滨水问题

2017年3月17日，"多伦多滨水局"（Waterfront Toronto）——一个负责监管多伦多安大略湖滨水区开发工程的政府机构——发布了码头区开发项目的提案企划书。该项目位于滨水区东部的12英亩土地上，寻求"创新和集资合伙人"，以"创建和资助一个具有全球影响力的社区，展示先进的技术、建筑材料、可持续发展经验和商业创新模式，促成务实的气候友好型的城市开发方案"。这个雄心勃勃的房产项目致力于开发多功能的，容纳不同收入水平居民的，推行可持续、有弹性、革新性的城市发展模式，将"全面规划、卓越设计与价格合理的包容性住房，便捷高效的交通选项，综合性的社会文化设施相结合"。很显然，该项目力图从根本上改造多伦多滨水区。如此一来，当地市政府，传统治理思路，城市生活与发展的基本条件都将面临格式化，但那时候一切还尚未明朗。

码头区位于多伦多港口区的西北端，这里既是自然环境和人工环境的汇集地，同时又承载着公众议题和私有利益。该地皮最初是安大略湖区最大的自然湿地之一。这些湿地被称为"阿什布里奇斯湾沼泽"，位于唐河汇入多伦多内港的河口。到了19世纪中期，河岸区的工业发展伴随着倾倒污水的增加，导致了严重的环境污染。例如，古酿酒厂区曾是加拿大当时最大的蒸馏厂区，它用蒸馏过程中产生的谷浆肥料在邻近的土地上养牛。历经数年，养牛的规模越来越大，七大牛棚容纳了 4000 多头牛，而每天产生的 80 000 加仑❶的液态粪便被直接排入沼泽地。

多伦多市政府面临霍乱暴发的潜在风险，以及商业协会和当地业主的诉讼警告，于是开始着手处理日益恶化的环境问题。通过疏浚和填充沼泽地创建工业区的设想已经出现了好几十个年头。为尽力解决问题，从 1870 年开始，一系列防波堤、水渠等基础设施拔地而起。然而许多类似举措都失败了，甚至在某些情况下反而还加剧了困境。政客、实业家、商界名流们坚持认为多伦多需要在坚实的土地上扩建港口设施，以获得五大湖区的航运竞争优势。到了 19 世纪与 20 世纪之交，由公共和私人实体组成的不同

---

❶ 1 加仑约等于 3.79 升。——编者注

财团提出了对该地区进行整体重建的竞争方案。正如今天的状况一样，解决"滨水区问题"需要多方协同努力，引导公众舆论，来支持发展独立于市政府的、有足够能力监督实施规划的新权力机构。

1912年，新成立的多伦多海港委员会公布了"（1912~1920年）多伦多海滨开发计划"。该计划提出要填平湿地，建立一个带有海滨公园和避暑别墅的新港口工业园。1914年，唐河河口被改道至城建工程师E.H.基廷（E. H. Keating）设计的水道中，疏浚和填充沼泽地的工程开始启动。一条大型航道被开凿出来，直通内陆盆地。到了20世纪20年代初，超过500英亩的土地已从原先的沼泽地中开垦出来。此后不久又成功开垦出500英亩土地。尽管这片新开发的土地很快成了工业区，但成为公园和避暑胜地的愿景却从未实现。这可能预示着当代城市居民对码头区怀有挥之不去的恐惧感。

该地区在20世纪期间见证了许多大湖区其他滨水城市的潮起潮落。1951年建成的一个庞大发电站现已退役。50年代加德纳高速公路的建设使唐河河口被诸多错综复杂的匝道和桥梁缠绕。多伦多港务局在同时期还着手为外港建造防波堤，建成的区域被称为外港东岬角。该项目按计划扩充了港口容量，以适应1959年圣劳伦斯航道开通后预期增长的航运交通。然而，20世纪60年代航运业向集装箱货运的模式过渡发展，大部分货物运输开始转移到东海岸港口。多伦多的航运量在1969年至1973年下降了50%。到了80年代，港口区主要为储存路盐、建筑材料以及轻工业用途的市政需求服务。

第七章 （错误的）都市权

多伦多港务局随后被"多伦多滨水局"所取代。它最初成立时只是一个特别工作组，被命名为"多伦多滨水区振兴公司"，负责为滨水区的开发制订商业发展计划，并提出市政规划建议，这也是多伦多申办2008年夏季奥运会工作的重要组成部分。2001年，加拿大政府、安大略省和多伦多市在申奥失败后正式成立了多伦多滨水局，全面监管多伦多水面规划和发展的事务。然而，重建港口区是一项过于宏伟的任务，超出了多伦多滨水局的权力和财力范围。随后的几年里，该组织专注于在湖边开展更小规模的、更有针对性的改良项目，例如增加通往滨水区的人行道，在西边高速公路下方的一部分港口区土地上开发公园，也就是毗邻码头区的下唐区（见图7-1）。

图7-1 2020年港口区的航拍照

资料来源：由阿诺德·艾什顿（Arnold Ashton）友情提供。

"体贴"的算法：数据如何重塑生活空间

互联网上设计的城市

  2016年，多伦多滨水局邀请Alphabet旗下谷歌的姐妹公司Sidewalk实验室参观本地，据说此行为对方公司提供了"实地调研、地形图和滨水区的导游路线"。Sidewalk实验室由纽约市负责经济发展的前副市长、彭博社前首席执行官丹尼尔·L.罗夫（Daniel L. Doctoroff）与拉里·佩奇（Larry Page）领导的谷歌团队于2015年合伙创立，瞄准了新兴的智慧城市市场。罗夫领导过纽约市2012年的申奥工作，尽管以失败告终，但他本人对大城市发展规划的经济事务还是非常熟悉的。一年后，多伦多滨水局发布了码头区的提案企划书，成了整片东部滨水区规划的试点项目。2017年10月17日，多伦多滨水局身后的三级政府代表：总理贾斯汀·特鲁多（Justin Trudeau）、安大略省省长凯瑟琳·温恩（Kathleen Wynne）、多伦多市长约翰·托里（John Tory）共同宣布与Sidewalk实验室建立公私合作的战略伙伴关系，同时还设立了"多伦多Sidewalk"工作组，负责领导该场地的规划、筹资、设计和开发。

  Sidewalk实验室自称是一家"城市创新公司"，其目标是"通过互联网构思、设计和开发城市"。它的第一个项目就是开发如今在纽约市人行道上随处可见的免费Wi-Fi亭，被称为LinkNYC（见图7-2）。LinkNYC是纽约市和CityBridge之间的合作项目，而CityBridge是纽约市的一个大财团，其中包括高通（无线通信设备制造商）、CIVIQ Smartscapes（信息亭制造商）和Intersection（Sidewalk实验室的子公司，专注于户外广告）等公司。这一举措实现了纽约市为大众提供公共场所免费 Wi-Fi 的长期愿景，但这对 LinkNYC 来说只是一个开始。

图 7-2 LinkNYC 信息亭
资料来源：Edward Blake/CC-BY-2.0。

LinkNYC 整合了摄像头、微型电话和一系列环境传感器，为研究日常城市生活提供了前所未有的洞察力。据 Sidewalk 实验室向美国交通部智慧城市挑战赛提交的文件所述，Sidewalk 实验室和母公司 Alphabet 旨在监测行人、自行车和汽车交通，跟踪路人的手机和其他无线设备，倾听和分析街道噪声，并通过嵌入亭子的摄像头识别可疑的废弃包裹。虽然目前安装在纽约市各地的 LinkNYC 信息亭暂不包括这种功能强大的传感器，Sidewalk 实验室却向俄亥俄州哥伦布市（美国交通部智慧城市挑战赛的获胜者）提出了一个全面配置的版本，充分显示了他们在该领域的企图。

"信息亭传感器平台将有助于获取实时地面实况,例如了解和观测交通拥堵状况、监控空气质量、发现煤气泄漏等危险情况、识别空转的卡车等,"在线出版物《重新编码》(*Recode*)依据《公共记录法》获得的一份宣传单指出,"每个信息亭都能进行数据分析,(这将使哥伦布市)通过环境传感器及整合了众多数据源的机器学习算法更好地了解城市环境。"环境传感器能够测量空气湿度、大气压力、道路路面及上空的温度。其中空气质量传感器可测量空气中的颗粒物和臭氧、一氧化碳、二氧化氮和二氧化硫等污染物数据。其他传感器还可测量车辆的发出的红外线、紫外线和可见光等。计算机视觉和无线设备系统将被用于监测过往的交通工具和行人,计算出平均速度和旅行时长,再将这些信息反馈给 Alphabet 的导航应用程序——谷歌地图。

在码头区发布提案企划书的同时,Sidewalk 实验室将其事业版图从人行道上 10 英尺高的信息亭拓展到安大略湖畔 800 英亩的公共土地,这必然预示着 LinkNYC 将面临不小的公众阻力。在纽约市,诸如"曼哈顿下城安全计划"等举措已经激发了公众的隐私保护意识,人们对于城市监控和数据传输活动普遍怀有戒心。2008 年纽约市警察局发起该倡议时,计划在曼哈顿下城安装 3000 多个监控摄像头以及 100 个自动车牌阅读器。到 2014 年,该系统将覆盖由纽约市警察局和私人实体(如报摊和酒馆)布置的 6500 个摄像头信号,每天读取超过 200 万个车牌。有关面部识别软件将被纳入该系统的传言还曾引发公众骚动。早在 2007 年,纽约公民自由联盟就依据信息自由法,要求纽约警察局提供有关系统规划的所有文件。由于没有得到警局回应，该组织还向州最高法院提起了民事诉讼。

2016 年 11 月，纽约公民自由联盟在纽约市议会技术监督委员会组织的公开听证会上作证。证词说明 LinkNYC 存在收集和保留电子邮件地址、互联网浏览记录等用户个人信息的行为；在政府或执法机构要求他们提供信息时没有通知用户；与城市及其他政府执法机构共享信息亭数据的做法不受限制。为回应以上争议，LinkNYC 新制定的隐私政策宣称个人设备的浏览历史不会被储存。个人会话产生的大多数技术信息最长保留期为 60 天。新政策明确承诺只有在依法要求的情况下才会披露信息，而且会通知到用户，最后还补充了对摄像头使用和数据披露的限制措施。

Sidewalk 实验室与多伦多滨水局

2017 年秋天，Sidewalk 实验室与多伦多滨水局正式宣布了合作关系。人们对于监控、隐私和个人信息处理的担忧也蔓延开来。Sidewalk 实验室的获胜提案勾勒出一个富有创意的、打破居民阶层、混合使用的码头区。该社区可容纳 5000 人，内含绿树成荫的公共广场，可供行人、自行车、无人驾驶汽车畅行的宽阔街道。从交通模式，到能源使用，再到废物回收，一切都将被嵌入式传感器和计算机视觉系统监控。高大、环保的木质结构建筑可被打造成经济适用房。公共区域将被自动调控的"雨幕"所覆盖，这样的"雨幕"会在恶劣天气下自动膨胀，遮蔽居民。有加热功能的铺路材料能融化冰雪，这些系统所需的能源由一个零排放的微电网提供。为了达成交易，Sidewalk实验室承诺为该计划投资5000万加元，并让公众参与到开发码头区的对话中。看来多伦多确实找到了它理想中的"创新和集资合伙人"，以"帮助创建和资助一个具有全球影响力的社区，展示先进的技术、建筑材料、可持续发展经验和商业创新模式，促成气候友好型城市开发的务实方案"。

并不是所有的多伦多市民都相信这种公私合营的做法是实现最佳利益的选择。开放型政府的倡导者比安卡·维利（Bianca Wylie）号称是智慧城市时代的简·雅各布斯❶（Jane Jacobs）。在Sidewalk实验室提案公开两个月后，她在多伦多的《环球邮报》（The Globe and Mail）上发表了一篇文章，围绕该项目指出了一些关键问题。她写道："这种模式的核心是数据。人们使用社区服务的所有方式——无论是零售、交通、公园还是其他的公共设施——都将被追踪和测量。环境和行为数据都将被用于分析，以揭示公民生活的复杂模式和习惯。"Sidewalk实验室没有明确说明它将如何处理从码头区项目收集来的数据。哪些类型的数据会被收集？它们将被如何使用？谁将拥有这些数据？谁能共享这些数据？这些数据如何被货币化？如果从收集的数据中获得有价值的

---

❶ 简·雅各布斯出生于1916年，是美国著名的新闻工作者和社会活动家。1952年起，在建筑类期刊《建筑论坛》担任专栏作家。1958年至1961年，在洛克菲勒基金会的资助下，完成研究著作《美国大城市的死与生》。2000年，获美国国家建筑博物馆颁发文森特·斯卡利奖。——译者注

见解，能否将其出卖给第三方？谁拥有与这些数据相关的知识产权？多伦多市政府和市民们是否希望持有、管理甚至保留许可使用这些数据的权利？

除了上述问题，该项目还存在更深层次的隐忧，那便是Sidewalk实验室在提供平台和服务方面的垄断能力以及技术"锁定"的风险。除了Intersection参与的LinkNYC项目，Alphabet公司正在稳步建立一套由技术公司组合配置的班底，开拓智慧城市领域。一家名为Waymo的公司正致力于开发自动驾驶汽车。这样的新兴企业还有Waze——主产品是一款收集交通数据的导航应用程序；Replica——主要研发交通规划工具；Cityblock——提供社区保健服务；Coord——观测路边停车费浮动的在线平台；Sidewalk Infrastructure Partners——负责建设城市基础设施。这一切还仅仅是开始。由于这些技术被建议嵌入城市环境的物理结构中，其所提供的平台和服务并不适用公共特许经营权的传统程序，而以往这些程序通常有期限限制。此类技术平台和服务的专属权使得市政机构无法在合同结束后进行竞争性招标。这绝对是笔好生意！

Sidewalk实验室在制定整体创新发展规划时，为利益相关方和公众参与计划编列了超过1100万美元的预算。从2018年到2019年年初，该公司合作主办了一系列公共会议，召集了当地专家成立顾问委员会，组织了与当地居民对话的研讨会，开展了与政界、商界、学界、非营利团体互动的各种外联工作。Sidewalk实验室声称，在多伦多的相关活动中参与人数超过2.1万人；当地居民主动投入了约1700小时参与6次小组讨论；主办方也花了 100 多个小时与当地居民开会探讨合作设计的方案。

城市数据的信任

在这些公开会议的讨论过程中，数据管理的问题仍然很有争议。许多当地居民都表达了对隐私问题的一贯担忧：公共领域中的个人信息如何被收集？如何处理用户同意的问题？如何使用这些数据以及谁将拥有和管理这些数据？ Sidewalk 实验室的意图很少公开表达，但鉴于其母公司 Alphabet 的业务是用户数据货币化，再考虑到 LinkNYC 之前的作为，居民有理由担心它的真正目的是控制从该网站收集的所有数据。

为了解决这些问题，Sidewalk 实验室提出了所谓的"公民数据信托"，其中包括以下原则：没有人应该拥有城市数据，这些数据都是免费开放的；一个独立的公民数据信托基金应该控制码头区的城市数据；任何想要收集城市数据的人都需要向数据信托基金提交负责任的数据影响评估报告，以此证明他们将隐私和公共利益放在首位；就城市数据资源而言，包括 Sidewalk 实验室在内的任何一个实体都不应享有特殊待遇；城市数字系统应该向所有人开放。

虽然该提案确实解决了人们对数据管理的许多担忧，但仍有一些人认为 Sidewalk 实验室没有为个人信息提供足够的隐私保护。虽然 Sidewalk 实验室承诺对所有收集的数据进行处理，从源头上清除身份信息，但他们不能保证参与创建该项目的其他利益相关方也会这样做。 正是因为这一问题，实验室的数据隐私首席

第七章 （错误的）都市权

顾问安·卡沃基安（Ann Cavoukian）提出辞职。她在安大略省做了三届的信息隐私专员，提出了获得国际认可的"隐私设计框架"。安在辞职信中写道："我想象中的智慧城市是尊重隐私，而不是充满监控的。"更糟糕的是，政府领导人在对多伦多滨水局的资金使用情况做过审计后，对滨水局与 Sidewalk 实验室的关系提出了批评，并解雇了董事会主席和两名董事会成员。

然而，尽管这种公开反击上了新闻。在 2019 年 6 月，Sidewalk 实验室仍然提交了题为《多伦多的明天》的创新发展总规划。这份长达 1524 页的三卷本计划详细阐述了它所描述的"包容性城市增长的全球模式"。该计划承诺到 2040 年将投资 13 亿美元用于开发（并"催化"第三方投资 380 亿美元）该领域，创造 93000 个工作岗位（包括 44000 个直接工作岗位）、43 亿美元的年度税收和 142 亿美元的年度 GDP。无论从哪个角度来看，该计划都是极富野心的。为了实现这些目标，Sidewalk 实验室提议接管首席开发商的角色，并在最初 12 英亩码头区场地的基础上扩增 153 英亩，用以创建所谓的创新设计和经济加速区。这种急剧扩张并不令人惊讶。在 2017 年 10 月双方最初宣布合作关系时，《多伦多星报》发表的一篇社论就提到 Sidewalk 实验室的首席执行官丹·多克托罗夫（Dan Doctoroff）曾说："我们的确想做很多事情。虽然有些工作看起来只是在码头区进行试点，但它们能在更大范围内产生实际的好处。"项目伊始，多伦多滨水局就表示，希望将这样的合作项目扩展到港口区 800 英亩的土地上。

数字创新计划是创新发展总规划的核心部分，该计划概述了 Sidewalk 实验室将如何设计和实施 IDEA 的数字基础设施以及围

161

绕数据治理待解决问题的一系列建议。数字基础设施提案设想了一个被称为Super-PON的光纤网络，其支持普遍开放、经济适用的无线网接入，旨在减少该地区的数字鸿沟。这项基础设施将纳入所谓的"考拉支架"以促进物理联通。本质上，"考拉支架"可被看作是提供电源和连接的城市端口，有望降低推广新型数字服务的入门成本，提升享受专有解决方案的可能性。

获得数字服务的愿望可以通过私人导向的"分布式数字证书系统"来实现。据此，双方之间的交易不涉及数字服务的创造者，而"证书将存储在用户设备上，而不是在云端……而且支持证书的基础设施不会作为双方的中介"。公共交通、共享单车、建筑信息模型、街道和公共场所的地图、公共空间活动都将采用开放数据标准，以最大限度地实现数据共享和系统之间的互用性。这种做法更新了前一年提出的"公民数据信托"概念，一个独立的城市数据信托将监督城市新区的数据管理，制定合理的数据使用新准则，确立"明确的、共同的、有责任意识的数据使用标准……一致适用于所有参与城市数据收集和使用的相关各方"。城市数据信托基金主要负责"批准和管理放置在公共领域的数据收集设备，处理数据使用中出现的挑战和机遇，特别是那些涉及算法决策的问题"。

Sidewalk实验室提出了"城市数据"的概念，这是源于现实的创新。除了关注个人信息保护，Sidewalk实验室还通过一系列公开会议了解到当地居民的关切。"从城市公共领域、公共场所甚至一些私人空间采集来的数据，无论这些数据能否识别特定的个人，其收集和使用的做法总会令人担心。"数据收集的传统做

第七章 （错误的）都市权

法需要征得当事人的明确同意，人们可以通过网站、智能手机或纸质表格提供个人相关的信息。相比之下，"城市数据"想要获得被采集者的同意可能很困难，甚至不可能。于是 Sidewalk 实验室就将这类城市数据定义为一个全新的类别，"公共领域——不属于私人实体的公共共享空间，如街道、广场、公园等开放空间。公共领域的数据可以通过行人计数器或交通摄像头等设备采取。这些数据还可包括在由私人所有但公众可进入的空间内（如建筑大厅、庭院、某些公园、底层市场和零售店）的信息。它还可以包括第三方在私人空间收集来的信息，例如租户或施工产生的噪声、空气质量、能源使用情况"。这类数据与交易数据形成了对照，后者是指"个人同意通过直接互动（包括应用程序、网站、产品和服务的交付）为商业或政府业务提供数据（包括客户在使用快递服务时提供的信用卡信息，为接收当地电子商务简报而提供的电子邮件地址，提交给银行应用程序的电话号码）"。

Sidewalk 实验室强调，只要遵守适当的隐私保护措施，任何人都可以自由访问这些城市数据。此外，没有人真正拥有这些数据，但城市数据信托基金将决定谁可以在什么条件下，有权进行数据货币化。"一些城市数据越来越多地被理解为社区或集体资产。以交通数据为例，这些数据源于公共街道，并且对此类数据的使用可能对这些街道未来的运作方式产生影响。所以这些数据应该成为一种公共资源。"不过 Sidewalk 实验室还指出，"从公共领域或空间收集的数据不应只服务于私企或公共部门，而应该有利于多方利益相关者"，"无论是来自本地的初创公司还是国际知名企业，所有人都应享有使用城市数据，进行数字创新的机会"。

尽管无人有权拥有我们在城市空间内行动、交易、互动所产生的数据，但这也相当于假设任何人——至少对于有资源、有能力对数据进行有效处理的人——都可以将其货币化。虽然目前有关保护隐私与开放城市数据的斗争很重要，但推动数据货币化的压力同样值得关注。鉴于 Alphabet 的商业模式，收集那些不能货币化或者货币价值低的数据并不是企业的优先事项。收集能够洞察社会公平、公共健康、经济正义等问题的数据，与收集旨在实现投资回报最大化或有利于销售的行为数据不可同日而语，两者在收集方法和衡量标准上都有差别。我们在城市环境中试验什么以及如何试验、取样、测量，这些都是非常重要的。这些决策限制和框定了我们最终对环境的认识，而我们的认识又反过来影响着我们的决策。

谁的城市权？

评论公众参与城市发展决策的人常爱提到亨利·列斐伏尔 1968 年发表的论文《城市的权利》(Le Droit à la Ville)。在这篇文章中，列斐伏尔认为城市居民不仅有权参与涉及城市发展的决策过程，还有权占有城市空间。这种权利超越了对公众参与国家决策进行制度化的传统，也超越了为落实预定里程碑目标或合同交付物而制度化的准公营或私人资助的公共流程。在以往这些流程中，(公民)参与者按照自己的优先事项积极游说、重塑叙事的能力受到限制。正如大卫·哈维所指出的，改变城市的权利就是改变我们自己的权利。这里的占有权不仅包括进入、占据、通行

第七章 （错误的）都市权

和以其他方式居住于城市空间的权利，还包括直接参与城市环境的生产和再生产的权利。这种产出也是列斐伏尔所谓的"作品"。在列斐伏尔看来，"作品"与城市的使用价值有关，即人们如何通过日常生活中的各种空间实践"直接生活"于城市，因此创造城市环境就是创造城市生活的条件。相比之下，一个城市的交换价值取决于货币、商业、房地产交易、产品和服务的消费。"城市本身就是'作品'，这一特点与货币化、商业化、产品交易化的不可逆转趋势形成了对比"。使用价值（作品）与交换价值（产品）的二元对立是列斐伏尔政治经济学的核心。

然而，Sidewalk 实验室提出的城市愿景并不是简单地将城市的交换价值置于使用价值之上，而是将一个转化为另一个——使作品成为产品。在某种意义上，这可以被看作是私人利益集团的一种延续，他们试图获取和封闭公共资产及服务，以加速资本积累，促进建立新自由主义的治理模式。Sidewalk 实验室的提案表现出一种技术驱动的创业型城市主义，其甚至超越了钻研智慧城市的前辈们最大胆的愿望。城市居民们如何步行、骑行、驾驶机动车？人们喜欢聚集在哪些公共空间？如何使用哪些公共设施？在哪些十字路口，在什么时段人流量最大？这些反映区域使用情况的数据勾勒出不同层次的城市活动概况。城市环境中个人和集体的行为被提取，并进行数据化处理，并由各种服务提供商联盟出售给寻求以此获利的数据经纪人。动态路边定价机制使得优步与联邦快递在竞争日益激烈的实时竞标中争夺这块城市资产。在这里，日常城市生活变成了数据的集合，可以被提取和货币化。区内居民成为数据点，他们消费城市服务的行为被持续监控和修

165

改。他们没有在提议、创造或影响公共决策流程中发挥能动性，而是作为被城市系统吸收的行为测试者，为优化城市系统建设提供反馈。

控制论城市主义

在人与人工环境之间引入控制论反馈循环的想法并不新鲜。20 世纪 60 年代，英国建筑师塞德里克·普莱斯（Cedric Price）、戏剧导演琼·利特尔伍德（Joan Littlewood）、控制论专家戈登·帕斯克（Gordon Pask）合作设计了一个名为"欢乐宫"的教育文化中心，从而探索如何让建筑更好地满足人们的需求（见图 7-3 和图 7-4）。该建筑采用起重机和脚手架的结构，配备了传感器和信息显示器，以学习和适应其"用户"的选择和活动，而"用户"也在这个过程中发生了变化。帕斯克的项目图就描述了由"实际网络"处理"未经修改的人工输入"产生"修改后的人工输出"的路径。20 世纪 70 年代，这些想法在普莱斯的"发电机"项目中有所延伸。这个建筑项目是一套模块化的立方体和走道，由起重机根据使用情况不断重新配置。虽然这两个项目最终都没有建成，这些本质上具有乌托邦色彩的项目都承诺以突出用户、参与者、居民需求、愿望和欲望的方式重构建筑环境。正如帕斯克提交给"欢乐宫"控制论小组委员会的一份报告中写的："人们的行为将为优化'可能带来幸福的产品'提供反馈。"

麻省理工学院的计算机科学家杰伊·福雷斯特（Jay Forrester）在 1969 年出版的《城市动态》（*Urban Dynamics*）一书中援引了

第七章 （错误的）都市权

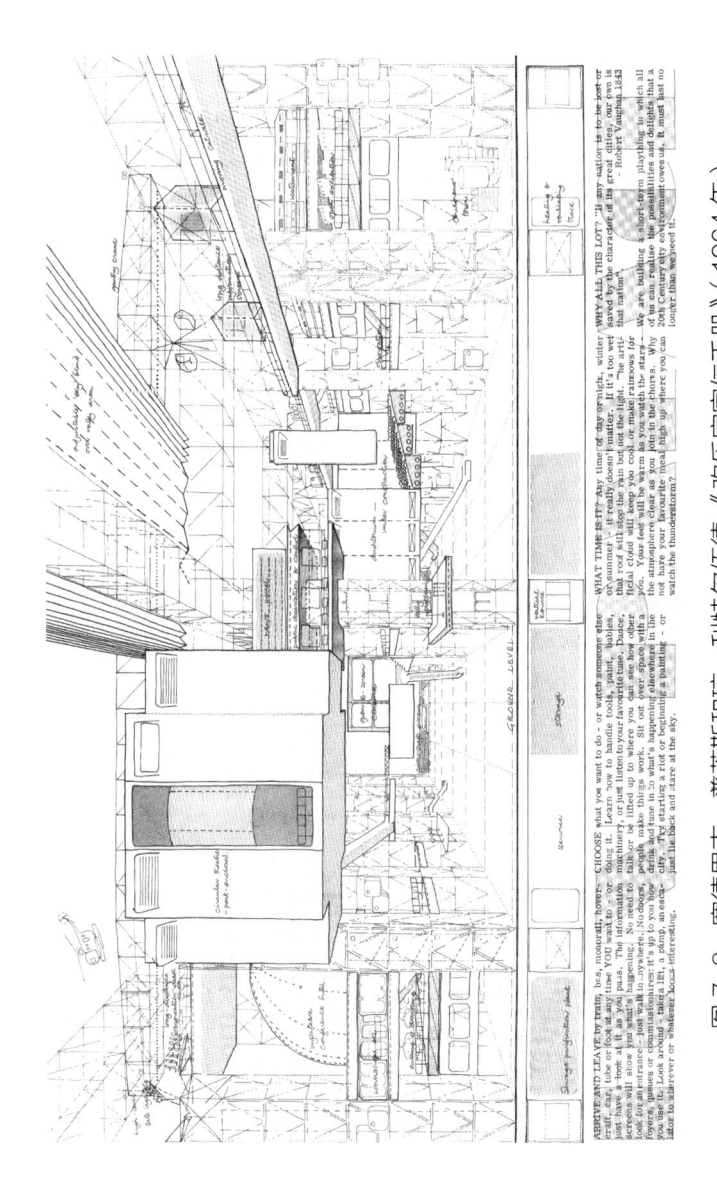

图 7-3 塞德里克·普莱斯和琼·利特尔伍德，《欢乐宫宣传手册》（1964 年）

资料来源：由加拿大建筑中心的塞德里克·普莱斯基金会提供。

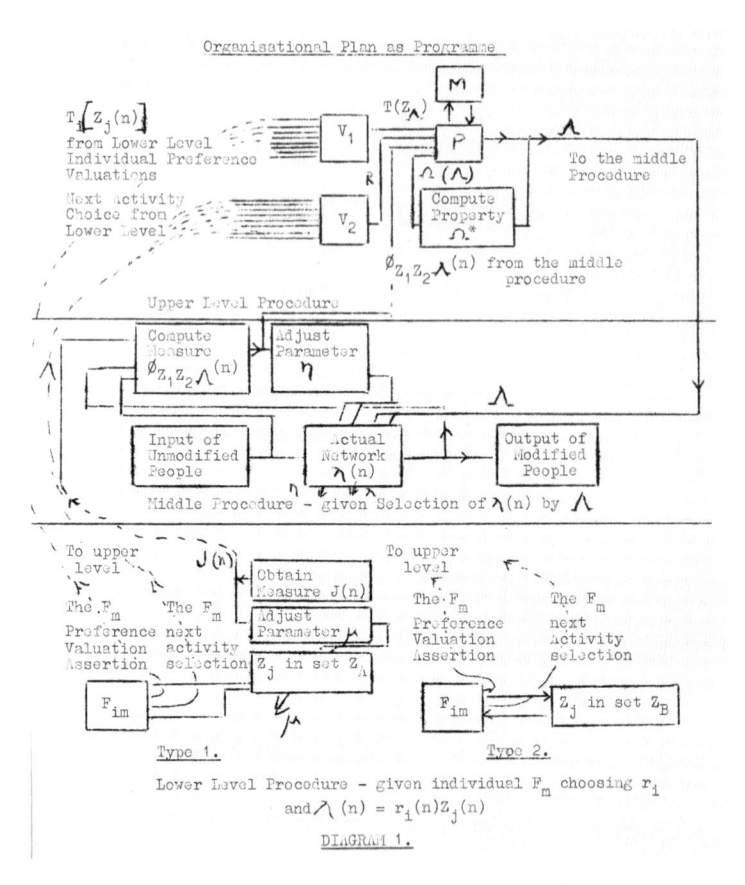

图 7-4　戈登·帕斯克,《欢乐宫计划控制论图》(1965 年)
资料来源：由塞德里克·普莱斯基金会、加拿大建筑中心提供。

系统论和控制论。福雷斯特借用了 20 世纪 60 年代麻省理工学院斯隆商业管理学院开发的一种工业动力学方法,以政策制定的动态反馈循环模拟城市增长。"运用工业动力学的方法,将社会系统的增长和追求目标的过程组织到计算机模型中,"他写道,"数字计算机用来模拟系统行为……人们可以看到如何通过改变系统内的指导政策,来修改真实系统的行为。"福雷斯特认为发展停滞的城市地区已经达到了一种平衡状态,政策需要"以一种与无情的恶化进程相匹配的速度来诱导它不断更新"。福雷斯特的思想与维纳、韦弗、麦卡洛和皮茨的一阶控制论不同,他放弃了稳定性,选择了持续增长的偶发性、复杂性和不可预测性。

福雷斯特的模型有赖于城市治理的惯例和政策,而 Sidewalk 实验室的提议意味着一种全然不同的治理形式。福柯认为,现代政府通过规约和惩戒的制度形式促成被个人内化的自我管理和自我调节机制来发挥权力。正如我们所见,通过 Siri 和 Alexa 将行为经济学应用于家庭,居民不再是被约束和形塑的对象,而成了意见、欲望、行动可以被引导和胁迫以符合特定道德和社会导向的代理人。

不能量化的我们是否仍然重要?

在创新设计和经济加速区,支撑城市生活的环境产生于提取和货币化城市数据而引发的行为调整,这导致了一系列问题。城市生活中那些难以量化、衡量、货币化的领域,以及那些抵制数据化和商品化的领域会变成怎样呢?它们是如何在这种逻辑中重生的?如果它们不能被计算,它们就不再算数了吗?它们是否只能消失?它们可怜的残余部分是否只是过去城市生活留下的顽固遗迹,人们会像忘记《帝国地图》的制图故事那样忘记它们吗?那些几乎没有货币价值的城市活动会变成什么样?谁会为了公共利益而投资数据的收集和处理？什么商业模式会让城市中的人们感到迷惘，或者让他们抬头凝视云卷云舒打发时间？

那些被复制的东西同样值得关注。由于这种使用价值向交换价值的转换是通过对人类行为进行量化和商品化而实现的，我们可能会疑惑在这个过程中我们的行为本身是如何被塑造的。香农·马特恩在解读纽约市哈德逊广场开发项目的过程中唤醒了"过去美好的"行为主义幽灵。"假设人工环境和技术系统能提供有关人类行为的信息，"她写道，"有关某种行为的数据被反馈到环境中，从而改变未来的人类行为。这简直就是身带传感器的B.F.斯金纳❶（B. F. Skinner）。"然而这些新派的、技术驱动的行为主义倾向，从根本上说建立在监视的逻辑之上。他们承诺的产品不仅仅是勾勒出"一个爱喝凯乐葡萄酒、爱去 Equinox 健身俱乐部健身、爱穿古驰外套"的都市人。他们鼓励对可能发生的事情进行全景式的内化，以信度指标衡量和预测人们未来的行为。

美国联邦贸易委员会前主席伊迪丝·拉米雷斯（Edith Ramirez）在 2013 年阿斯彭技术政策研究所论坛的主题演讲中提醒人们对新出现的"数据决定论"保持警觉。在这套决定论中，个人被评判"不是他们做了什么或者他们将来会做什么，而是算法得出的推论或相关性数据，其显示他们的行为可能会带来不良的信用或投保风险，不适合就业或进入学校等机构，抑或不太可能履行某

---

❶ 美国行为主义心理学家，新行为主义的代表人物，操作性条件反射理论的奠基者。——译者注

第七章 （错误的）都市权

些职责。"城市规模的数据决定论已经在预测性治理的模式中发挥了作用，比如用预测算法计算不同城市地区的犯罪风险系数，以达到优化警车和巡逻人员配置的目的。如前一章所述，该软件的早期版本产生过失控的反馈回路，将更多的巡逻车分配到有色人种居住的社区，而不考虑其"真实"的犯罪率。这样做进而导致该地区的犯罪记录增加，反过来又影响其风险系数。这些算法已被证明嵌入了设计者的文化偏见和那些潜藏在训练历史数据中的偏见。

此外，算法的统治程度已经很深。Sidewalk 实验室为多伦多 IDEA 提议建设的城市系统将参与关于城市资源的分配和分布的决定，传统的国家治理概念被私人利益驱动的算法决策所取代。法律学者安托瓦内特·罗夫罗伊（Antoinette Rouvroy）指出："算法政府……可以被理解为消解主观化条件（包括制度、空间、时间、语言的条件）的极致象征，只为对潜在行为施以'客观的'、先发制人的操作。"这些平台、系统和基础设施正在导致社会从规约形式的主体化和管理制度向预期形式转型。通过与城市环境的习惯性互动，一些行为得到了激励，一些行为受到了压制。在此过程中，"作品"被运用于新自由主义的主体再生产。人们的行为被不断监控并被逐步调节和操纵，以实现私人利益预期中的结果。

取消城市的赎回权

19 世纪末兴起的阿什布里奇斯湾沼泽圈地运动是私人利益集团对公共湿地的占有。这种趋势发展至今已经达到取消抵押"作品"本身的赎回权的地步。当构成城市生活的各种活动被转化为可以买卖的产品时,当城市居民沦为优化平台、系统、基础设施的传感器时,城市的权利从根本上就被污染了。进入、使用和占领城市的权利变成了被城市进入、使用和占领的要求。公民的参与权被玩弄和利用;占有的权利变成了被占有的必要条件。这样只会通向错误的城市。

与之前港口区开发计划的流产一样,Sidewalk 实验室对码头区的设想最终还是落空了。2020 年 5 月,肆虐的新冠疫情迫使多克托罗夫宣布放弃该项目,他写道:"要想在不牺牲该计划核心利益的情况下,保障支撑项目的财务运转实在太困难了。"Sidewalk 实验室无法在 800 英亩的港口区土地开发中获得特权,也依法丧失了对项目本身的抵押品赎回权。尽管多克托罗夫没有明确指出该计划被认定为"核心"的部分,Sidewalk 实验室长期以来一直认为有必要将该项目从码头区扩展到更大范围,这样才有经济上的可行性。越来越多的公众批评致使多伦多滨水局在去年秋天要求 Sidewalk 实验室放弃土地扩张和做开发商领头羊的野心。项目范围的缩小,加之从 12 英亩的土地上收获货币化数据的前景越来越小,这些因素无疑导致了实验室最终作出放弃的决策。多伦多滨水局则承诺将继续推进码头区的开发,它与 Sidewalk 实验室合作的失败也使这种性质的开发项目所涉及的算法治理问题成了焦点。所幸公众对该项目的抵制取得了暂时的成功,这似乎给了多伦多的居民们更多勇气,去行使他们重新获得城市"作品"的权利。

第八章

诡计和利用

"Ruse"（诡计）是一种故意误导、欺骗或捉弄的行为，往往是聪明的、狡黠的。这个词最初出现在狩猎记录中，源自中世纪法语的 ruse，意思是"被猎杀的动物所做的迂回或转向动作"。它意味着一种权力动态，其中较弱的一方（猎物）试图躲避较强的一方（猎人）。历史上，"Exploit"（探险）是指一项高尚或英勇的壮举或事业。军队或海军远伐"征服或获得对某人或某地的控制权"，试图"占领或征服一个城镇、港口等"就属于这类例子。今天这个词更多是指"被视为（有时是讽刺性的）令人兴奋的、冒险的或者其他值得庆祝、歌颂的行动或壮举"。

在动词形式上，"Exploiting"涉及利用某人或某物为自己谋利。从奴隶制的诞生到现代能源工业的开采行为，对人力资源和自然资源的剥削有着悠久而著名的历史。在计算机背景下，"Exploit"是指利用一段代码或者网络设备中存在的缺陷或漏洞。此类技术通常是为了达到邪恶的目的，如未经授权就访问某个系统。这种意义上的利用通常依赖于诡计，例如使用钓鱼邮件引导某人点击假网页的链接，进而诱使他们泄露其账户的用户名和密码。有时候系统安全配置中的漏洞也可成为攻击目标，例如管理密码被留为空白或产品供应商设置的默认密码没有被改变。其他漏洞包括将恶意代码植入网络表格（如搜索框或评论栏）使攻击者能够欺骗网站的数据库服务器返回用户名和密码列表（SQL 注入攻击）。这样能捕获用户的证书、信用卡信息或其他私人数据（跨网站脚本攻击）。还有人利用安全策略不完善的软件，在未经用户同意或不知情的情况下擅自收集用户个人数据。

如果涉及利用某个人、某种情况、某个网络，"诡计"往往是助推器。"诡计"作为一种战术策略，是一种"缺乏适当地点的"精心策划的行动，正如米歇尔·德克尔托所定义的那样，"它必须在一个强加给它的地形上发挥作用，并借助外部权力利用这个地形。"由于缺乏自主行动的能力，诡计总是根据环境的逐时变化（或者换句话说，根据狩猎过程）来制定。德克尔托写道：

"诡计"的战术位置属于对方。它只是零散地、悄悄地渗入对方的位置，而不能完全占领，同时也没能力与对方保持距离。它没有可以利用优势、为扩张做准备的基地，也不能确保在环境方面的独立性。"适当"一词是描述空间对时间的胜利。相反，这种战术由于没有特定落脚点，只能取决于时间。它总想"抓住飞行中的机会"。

相比之下，"剥削"是战略性的，涉及"当有意志和权力的主体（业主、企业、城市、科学机构）可以从某种'环境'中分离出来时，强制关系的形成"。"剥削"在表达其自主性时是从权力的角度出发的。德克尔托认为这种权力是笛卡儿式知识形式的先决条件：

> 战略会假设一个可以被限定为"适当"的地方，作为与不同于它的外部（竞争者、对手、"客户"、"目标"或研究"对象"）产生关系的基础。政治、经济和科学的合理性都是在战略模式上构建的。

可见"诡计"是弱者、次要者、边缘人的艺术。它是一种不对称的战争策略，不太依赖于空间关系——建立一个可以采取行动的战略要地，而是依赖于对时间条件和它们所提供的扭转局势的机会，突然改变方向或事件的进程。这一章将探讨如何在政治运动中应用诡计和利用的方法分化国家选民。我们以"选举管理公司"剑桥分析在2016年美国总统选举和英国脱欧公投中扮演的角色为出发点，从基于心理测量的精准投放到合成媒体的生产以及社交媒体的传播等角度，追溯了市场营销和广告宣传中行为经济学的概念和技术被引入当代政治运动的过程。这一转变不仅对选举政治产生影响，而且对更广泛的公共空间条件、代议制民主、不确定性的认识论都影响巨大。

剑桥分析

2016年给大西洋两岸的政治格局带来了翻天覆地的变化。美国总统选举中特朗普获胜，英国脱欧公投则导致英国直接退出欧盟。两种结果都是由几乎没超过误差范围的微弱选票优势决定的。在美国，特朗普在选举人团中获得了 304 张选票，而对手希拉里·克林顿获得的选票为 227 张，但两位候选人在民众投票中只有 46.1% 对 48.2% 的差距（即近 300 万张选票的失利）。在关键的战场州，特朗普仅以数万张选票获胜。英国选民以 51.8% 对 48.1% 的优势选择离开欧盟，二者相差约 100 万票。

除了票数的接近和结果的分歧，这两次选举还有一个共同点——剑桥分析的参与。两国获胜的团队都以某种身份与这家政治咨询公司有往来。剑桥分析是战略沟通实验室（SCL）集团的子公司，这是一家位于伦敦的行为研究和战略沟通公司。SCL 将自己定位为"全球选举管理机构"，为政府机构和私人组织提供情报分析和"游说产品"，并宣称其产品能够促成目标受众的行为变化。SCL 的国防业务部曾为美国国防部和英国国防部在阿富汗的反恐行动以及在中东和北非的国防承包商提供通信分析服务。该公司还向有商业和政治背景的客户销售与国防无关的、支持行为改变的产品和服务。它自称在"心理操作"方面具有专长，并通过一套涉及谣言、虚假信息、假新闻的技术操纵人们的情绪、思维和行为。它的选举部门在全世界 200 多次选举中使用了类似的工具，其中大部分是发展中国家。

剑桥分析 2015 年脱离 SCL 另立门户，最初的资金来自史蒂夫·班农（Steve Bannon）和罗伯特·默瑟（Robert Mercer）。前者是一位富有的投资银行家，当时是保守派 Breitbart 新闻网的执行主席。后者是一位计算机科学家，也是早期人工智能领域的

第八章　诡计和利用

研究员，还在对冲基金管理中运用量化技术赚了数十亿美元。默瑟是一位有影响力的共和党金主，曾为美国共和党的政治运动捐款3500万美元。亚历山大·尼克斯（Alexander Nix）是SCL选举公司的董事兼剑桥分析的首席执行官，曾就读于英国著名的伊顿公学，并与挪威航运业继承人奥林匹娅·鲍斯（Olympia Paus）结婚。这三个特别富有的人都把目光投向了大洋两岸的政治格局，在"楔子议题"❶上，挪用营销和广告学的技术——"行为微定位"来动摇选民。

政治运动的数据

在政治运动中使用选民数据并不新鲜。至少从20世纪20年代起，竞选活动就开始根据选民登记表的信息来做选民工作。除了防止选民舞弊和推动选举管理的主要功能外，竞选活动长期以来都使用选民登记表来收集选民的联系方式、个人资料和参与选举的历史数据。在数据驱动竞选活动的时代之前，数据通常被用于分析党派关系和某一地区选举历史中投票给某党派的选民比例，以此来预测选民意向。某一选民投票的可能性通常是根据该选民在前四次大选中的参与情况来确定的。

2002年通过的《帮助美国投票法》要求所有州维持标准化的全州电子选民登记数据库，在此之前选民档案通常由县级机构人

---

❶ "楔子议题"是指竞选过程中制造分裂的议题。——译者注

"体贴"的算法：数据如何重塑生活空间

工管理。随着数据收集、存储、共享操作的标准化，越来越详细的选民档案呈现在人们面前。各种公共和商业来源的数据融合形成了"增强型"选民档案，其中每个选民都包含数百个数据点。专注于民调和研究分析的 Polimetrix 公司（现在的 YouGov）2005年在一份报告中声称，该公司经常收集"地址信息（经过美国邮政投递点和全国性地址变更服务核实）；地理编码（使用美国人口普查的 TIGER❶ 文件）；邻里人口统计（来自美国人口普查、街区组和街区数据）；个人微观数据（包括未登记和已登记选民的个人人口统计数据和生活方式信息）；政治献金（来自本州及联邦调查局数据）；电话投票和选民认证信息；现场数据（申请选民登记和 GOTV❷ 联系人）；媒体曝光情况（来自竞选媒体分析集团和尼尔森媒体研究公司）；电子邮件附录（来自团体联系人和第三方名单）"。在接下来的十年中，竞选活动收集了越来越多的选民个人数据，不同来源的数据都汇总到了中央数据库。到2012年，奥巴马总统的竞选团队开发了一款名为"Narwhal"的系统，将数据经济人与竞选团队现场投票活动和筹款活动收集来的外部数据和内部数据合并为一个统一的数据库。竞选结束时，该数据

---

❶ TIGER 是美国普查局为1990年人口普查建立的"拓扑集成地理编码和参照"（Topologically Integrated Geographic Encoding and Referencing）系统的首字母缩略词。TIGER 系统主要包含公路、铁路、地理区域、地标、水路等用于普查方案实施的地理信息。——译者注
❷ GOTV 是动员投票倡议"get out the vote"的首字母缩写。——译者注

库的容量已达 50 太字节。

那时候，数据驱动的竞选活动主要忙于开发预测模型，以提高竞选广告的效率，发展更宏观的竞选战略。这些模型为每个选民生成分数，对该选民的行为、支持度和响应度进行排名。行为分数来自过去的投票行为和人口信息，显示选民参与特定政治活动（如参加投票、为竞选捐款、为竞选做志愿者或参加集会）的概率。支持度得分表明政治偏好，也就是选民支持某一特定候选人的可能性。响应度得分是预测特定选民响应竞选宣传渠道（如电话、直接邮件、电子邮件）的积极性。考虑到竞选预算或奖励的限制，这些模型旨在最有效地优化竞选资源分配，扩大可能产生影响的潜在选民群体，修剪掉那些被认为不值得争取的选民。

社交媒体的武器化

如今在竞选活动和政治行动委员会的武器库中纳入精准投放的做法已是司空见惯。虽然预测模型产生的分数可以更好地指导媒体资源配置和选民市场投入，宣传专家们也认识到，精准投放的策略在与个别选民直接接触的情况下表现更加出色。电话、电子邮件、短信和网络广告都能很好地为特定个体打造个性化的信息。尤其是社交媒体，可以大规模地向更加细分的人口特征群体提供高度定制的内容（见图 8-1 和图 8-2）。然而正如第四章提到的人工智能虚拟助理市场一样，政治顾问对行为经济学概念和技术的挪用不仅从根本上改变了竞选活动的运作方式，也从根本

"体贴"的算法：数据如何重塑生活空间

上改变了对选民的看法。

图 8-1 "糖果电报"（*Candygram*），一家虚构电信公司的宣传广告
注：图中文字意为"在糖果电报公司，我们可以了解每一个客户，并且我们比你想象中知道得还多"。

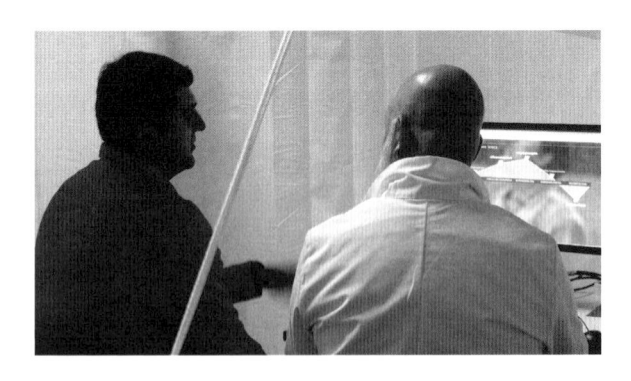

图 8-2 "糖果电报"快闪店的数据咨询演示图

将武器化的社交媒体用于党派政治斗争的过程包含三个不同但相互关联的步骤。第一步是所谓的心理统计学（或心理测量学）划分：根据心理属性特征空间内的近似程度产生统计意象。

第八章 诡计和利用

我们第五章已讨论了作为长期营销实践的细分市场基于人口的共同属性——包括人口统计学信息（如年龄、性别、收入、教育、家庭规模）、地理位置（如国家、地区、州、城市）和行为（如消费、使用习惯），将消费者划分为更小的群体。政治运动在相当长的时间内采用市场细分技术确定政治广告的目标受众。然而，在政治竞选领域，心理统计学划分是一个相对新的概念，它涉及对个人性格的分析，直到近期才通过社交媒体上的心理测验实现这一点。这些测验通过名为 OCEAN❶ 的系统衡量和分析个人性格，使用了行为心理学家所说的五因素模型：开放性、责任心、外向性、合群性和神经质性。研究表明，这五种特质足以准确描述一个人的个性。

第二步是"行为微观定位"。这一过程首先是将个人的 OCEAN 分析与商业数据平台（如谷歌、脸书、Experian、Acxiom）获得的其他数据相融合。这些信息包括个人的年龄、基因、种族、民族、居住地、前居住地、收入、政治和意识形态偏好及相关活动、购买习惯、爱好等方面的数据。对这些数据 OCEAN 分析可以得出个人的行为特征，反映个人可能存在的价值观、信仰体系、政治动机和情感上的脆弱性（见图 8-3）。行为微观定位能够预测受众需求以及这些需求如何随时间变化。

---

❶ OCEAN 又称"大五人格理论"，这套心理评估体系分为开放性（openness）、责任心（conscientiousness）、外向性（extraversion）、合群性（agreeableness）、神经质性（neuroticism）五大维度，故简称为"OCEAN"。——译者注

"体贴"的算法：数据如何重塑生活空间

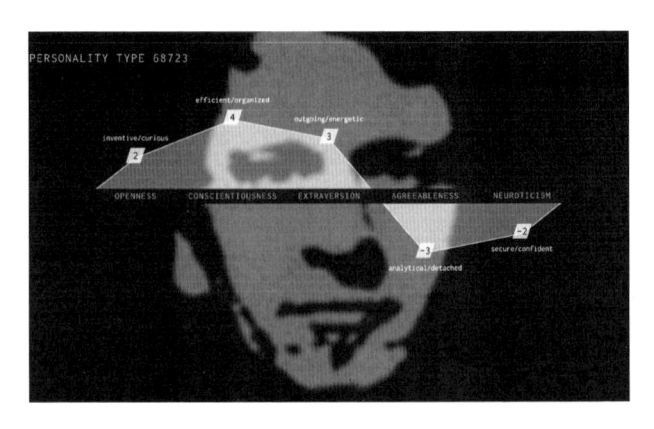

图 8-3 一位项目参与者的 OCEAN 个人肖像分析截图

第三步是利用受众资料显示出的弱点发现最容易被说服的潜在选民，为其创建和提供定制的社交媒体内容。这样做的目的不是改变公众舆论，而是改变微观目标受众的想法，哪怕这样的受众只有一个人。例如一个强烈重视第二修正案并在 OCEAN 分析中具有高度自觉性的神经质共和党选民可能会被脸书推送这样的帖子：一张拳头打破窗户的图片，配有标题宣传"持枪是公民防御家庭入侵的合法权利"。值得注意的是，行为微观定位的形式与以往精准投放的政治广告不同。后者旨在吸引最有可能投票给特定候选人（而不是其对手）的选民，而行为微观定位的策略在试图劝阻选民不给候选人投票时表现同样出色。

脸书的应用

要想这些技术在全国范围内影响选举就需要大规模的人格档

案数据集。2012 年，剑桥大学心理测量中心的两名博士生米哈尔·科辛斯基（Michal Kosinski）和大卫·斯蒂尔韦尔（David Stillwell）通过他们自创的脸书应用程序 MyPersonality 研发了一套简单的调查方法，可用于开发关于心理测量研究的人格档案数据库（见图 8-2）。受试对象先在网上填写问卷，研究人员根据他们的回答计算出他们的 OCEAN 分数，然后将这些结果与受试对象脸书档案中收集到的一系列个人信息进行比较，这些信息包括他们在脸书上"喜欢"、分享、发布的内容，以及他们的性别、年龄和居住地等。研究人员从这些数据点建立相关关系，进而推断出受试对象的个人特征。科辛斯基和斯蒂尔韦尔最初只是期望从他们身边的几十个大学朋友那里收集调查问卷，没想到这款应用程序居然能像病毒一样传播，产生了数百万的回应。很快他们就掌握了有史以来最大的数据集，将心理测试分数与脸书资料进行匹配能够高度精准地从心理学统计层面划分大量受试对象。

根据瑞士杂志 *Das Magazin* 上一篇广为流传的文章，研究人员发现，"Lady Gaga 的关注者很可能是外向型人格，而'喜欢'哲学的人往往是内向型人格"。2014 年发表的一篇题为《基于计算机的人格判断比人类作出的判断更准确》的论文可谓影响不凡，作者科辛斯基、史迪威和他们的同事吴友友展示了如何根据一个脸书用户的平均 68 个"喜欢"来预测本人的肤色（准确率为 95%）、性取向（准确率为 88%）以及党派取向（85%）。随着模型的精进，他们能够仅靠 10 个脸书的"喜欢"来预判用户特征，命中率比同行同事完成得更高。如果提供 70 个"赞"的数据，该模型的命中率会比用户的朋友做得还准。有了300个"赞"，模型对该用户的了解程度甚至能超过他的伴侣。

各种报告显示，大约在这段时期剑桥大学心理学系助理教授亚历山大·科根（Aleksandr Kogan）接洽了科辛斯基。科根有兴趣代表某公司购买科辛斯基的数据集，但他不能透露这家公司的名字。后来人们才知道这家公司就是SCL，它从克里斯托弗·怀利（Christopher Wylie）那里了解到科辛斯基的研究在政治运动中的应用潜力。克里斯托弗·怀利的本职是一名时尚预测方向的博士生，当时被SCL聘为其选举部门的研究主任。怀利曾深受科辛斯基、史迪威、吴友友那篇合作论文的启发，希望将其研究成果应用于政治广告的投放。

怀利后来成了一名告密者，他向《卫报》记者卡罗尔·卡德瓦拉德（Carole Cadwalladr）曝光了自己帮助SCL旗下的剑桥分析开发和利用这些诡计的方法。据卡德瓦拉德报道，怀特试图通过科根获得MyPersonality的数据库。当科辛斯基发现对方背后的公司是SCL时，谈判破裂了，他本人开始与科根保持距离。科辛斯基通知了心理测量中心的主任，传闻这件事在他们内部还引发了复杂的冲突。学界担心这样一个合作伙伴带来舆情风险也是可以理解的。随后科根主动提出为SCL复制科辛斯基的工作，并成立了一家名为"全球科学研究"（Global Science Research）的公司来做这件事。怀利提供给卡德瓦拉德的一份合同显示，全球科学研究公司获得了100万美元的报酬，用于收集和处理脸书数据，以便匹配选民档案所反映的人格特征。

英国信息专员办公室后来的调查发现，科根开发了一些技

第八章 诡计和利用

术,在用户不知情的情况下收集了多达 8700 万人的脸书数据。他显然至少说服了 30 多万人使用类似于科辛斯基的人格测试应用程序,提取了用户的脸书资料以及用户朋友们的资料。随着美世(Mercer)咨询公司的现金涌入,剑桥分析公司从 SCL 分拆出来,科根有了资本能够支付人们在亚马逊土尔其机器人(Mechanical Turk)和 Qualtrics(一个开展调查的订阅软件平台)上做性格测试。应用程序"这是我的数字生活"(This Is My Digital Life)使科根不仅能够访问参与者的脸书档案,还能访问他们好友的档案。每个参与者在不知情的情况下会被提取平均 160 个朋友的资料,同样在他们不知情的情况下,程序会处理这些资料并添加到数据集中。这样简单的诡计能使科根在短短几周内建立起一个数百万量级的用户数据库。

虽然科根确实获得了为学术研究提取脸书数据的许可,但未经同意将个人数据出售给第三方的行为是非法的。正在接受美国司法部和联邦调查局调查的脸书声称对于科根违反了其数据使用政策的做法并不知情。然而在 2016 年总统大选前夕,怀利被邀请与脸书董事会成员和颇具影响力的硅谷风险投资家马克·安德森(Marc Andreessen)会面,知情人士称他们"试图尽可能多地了解如何利用条件寻找可能的解决方案"。怀利后来收到了一封来自脸书的律师函,告诉他必须立即删除所有这些非法获得的数据,全球科学研究公司无权分享或出售这些数据。然而,《纽约时报》的报道指出:"这是我的数字生活"应用程序中的隐私条款里提示了这些用户数据也可用于商业目的。尽管那时候出售用户数据确实违反了脸书规定,但该公司并没有进行定期审计以

185

确保合规。

科根通过如此简单的诡计，利用了脸书宽松的数据隐私政策，让剑桥分析公司持续收集用户数据集。其中包含尼克斯声称的超过 2.2 亿份美国选民的心理统计资料——他曾夸下海口说已经能从每个成年美国人身上收集到四五千个数据点。怀特放言"无论是建模、算法还是其他的一切都是建立在这些数据的基础之上"。虽然许多人对这些说法持怀疑态度，但剑桥分析公司解释说对于竞选活动的所谓影响本身也可能只是一种宣传上的诡计。这里值得关注的是，这些"升级版"的选民档案提供了精准投放的数据点，给政治宣传和政治活动带来了前所未有的分裂性。

楔子政治、过滤气泡、急转弯的艺术

精准投放的策略确实会加剧和极化那些涉及种族、地域和其他人口统计学特征的楔子议题（如移民、堕胎、第二修正案、环保、同性婚姻等）。实践证明，诸如此类两极分化的议题最有可能动员选民投票，促使他们要么支持一个候选人，要么撤回对另一个候选人的支持。许多人注意到，为"楔子政治"服务的精准投放策略会导致选民越来越碎片化。2008 年，政治学家 D. 森夏恩·希利古斯（D. Sunshine Hillygus）和托德·希尔兹（Todd Shields）指出：竞选活动试图将楔子议题的相关信息传递给志同道合的受众，同时避免了那些可能持不同看法并公开质疑信息传播的人。他们的研究显示，早在 2004 年，楔子议题就更常通过直邮的方式传递到个人的家庭，而不再偏向通过电视广播传递给更多人。这些直接邮寄的信息对广播覆盖的很多人来说是不可见的，它们也就无法像广播、电视等社会公共领域中出现的假新闻和虚假广告那样容易受到事实核实或异见检验。

"虚假正向"是马克·谢泼德和莫里茨·斯特凡纳（Moritz Stefaner）2015年主持的研究项目，旨在探索和剖析个人数据与社交媒体之间脆弱、矛盾的关系。该项目包含一系列流动巡回表演和主题研讨会，推动公众讨论与思考城市环境中移动通信系统基础设施的政治意义和当代信息学体制下的秘密网络实践（见图 8-4）。该项目于 2015 年秋季在欧洲五大城市中展出，历时四个月。

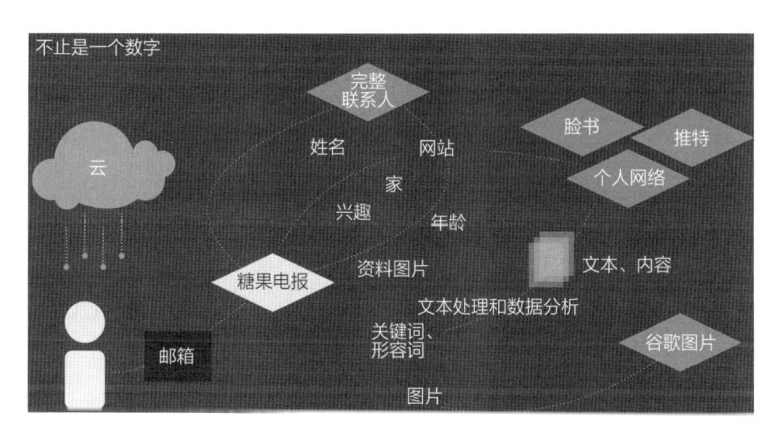

图 8-4 "虚假正向"系统图（Moritz Stefaner，2015）

针对不同人群，利用短信、电子邮件、社交媒体广告等越来越细化的投放方式更加有助于向不同人群传递不同信息，而这些人群彼此之间往往不知道对方接受的是什么。怀利本人指出了这种新形式的"狗哨"所蕴含的政治性：

> 你不是站在公共广场上，让人们来听你说出自己的想法，共情于你的叙述和体验。你是凑在每个选民的耳边说着悄悄话，你可能对这个选民有一套说辞，却对另一个选民另说一套。这样做就有可能使整个社会支离破碎，让我们没有多少共享的共同经验，自然也就不会有多少共同理解。

此类"狗哨"活动加剧了我们彼此之间的不和，使得围绕一系列共同问题展开的公开辩论变得愈发困难。如果你不了解特定意见的持有者，就很难对一个问题的立场提出支持或反对的意见。

竞选活动在优化资源配置的过程中会套牢那些对某位候选人有强烈忠诚度的人，从而放弃那些被认为不可能成为选民的人，因此后者可能很少或者根本没有收到任何信息。目前竞选活动中关注摇摆州甚至"摇摆人"（也就是那些尚未决定但仍可能被说服的人）的趋势被放大，因此在一个选举周期中，那些被忽视的、不可能成为选民的人群在下一个选举周期中更不可能参与投票，从而进一步降低了他们在未来成为投票发展对象的可能性。菲利普·霍华德（Philip Howard）将此描述为一种"政治红线"的表达形式，即"用数据计算出你可以在哪些地区的服务上不作为"。

而那些得到服务的人们会越来越多地按照具体问题被归类，单一问题的政治与市场细分的逻辑紧密联系在一起，即差异性优先于共同性。早在 2001 年，奥斯卡·甘迪（Oscar Gandy）就曾

第八章 诡计和利用

提出了警告,"由于这种战略传播的目的是把个人作为有着共同利益风险的群体成员进行动员,而不是把个人当作更大的、综合性共同体当中的成员,人们便不再会为了根本问题和大局利益而妥协。这样一来,政治话语必然充满战斗性,而非合作性"。索兰·巴罗卡斯(Solan Barocas)2012年写道,"这不只是一个受到'个人化资料过滤'影响的问题,政治活动家兼企业家伊莱·帕里泽(Eli Pariser)所说的'过滤气泡❶'效应还不足以解释清楚这类现象"。事实上,人们就某一议题仍会搜寻一系列不同立场的观点,但他们关注的是那些与他们个人有关的问题和观点。然而当竞选活动的目标信息不仅将选民从反对立场中分割出来,同时也将竞争的问题割裂开来时,这些选民就会变得难以认识到其他关切的存在或是不能理解其他关切存在的合法性。因此,行为微观定位不只是在单一问题的基础上操纵了个人意志,它本身还限制了人们参与辩论的范围、程度和参考条件。

归根结底,适用于楔子政治的行为微观定位对于两极分化的选民最为有效,因为它需要说服的是社会边缘人。楔子议题的本质会促使人们站队,而没有中间地带。你要么支持,要么反对持枪权利。你要么支持、要么反对同性恋婚姻。你要么欢迎、要么恐惧移民。帕里泽观察发现这是"由算法分类、操纵的公共领域所构成的政治地貌,它被设计得支离破碎,让对话充满

---

❶ "过滤气泡"又被称为"同温层""个人化资料过滤""信息茧房"等,用于比喻网站针对个人搜索习惯而投其所好,提供经过算法筛选的内容的现象。——译者注

敌意"。在这种选举环境中获胜,与其说要靠战略上瞄准特定选民的核心问题,不如说要在战术上将这些选民分成越来越小的部分,然后有效引导他们支持你的竞选;或者阻止那些倾向于你对手的选民为他们真正投出这一票。许景春将这些策略描述为某种形式的"反向霸权",即"当愤怒的少数群体聚集在一个共同的耻辱柱周围,利用这些人对所谓主流文化的排斥将他们串联起来,他们就会成为'多数'"。这就是急转弯的艺术,靠的是心机、狡诈和诡计,永远琢磨的是如何"抓住机会的翅膀"。汉娜·阿伦特在《人的境况》(*The Human Condition*)一书中谈及公共和私人领域时写道:"只有那些与我们所见所闻相同的人们存在,我们才能确信世界和自身的真实。"当公共空间不再展现公共领域的全貌,而公共领域被简化为众多微小的公共空间时,我们每个人看到和听到的东西都不一样,我们发现自己面临的空间认识论不再有阿伦特所述的保障,于是在滋长的不确定性中,怀疑成了我们主要的情感。在下一章中,我们将在新冠疫情及其后果对全球影响的大背景下考察这种不确定性的认识论和情感上的怀疑论。

第九章

疫情例外论

> 病毒是机会均等的传染源。把我们自己看作病毒可能是更好的方式,因为这样我们就能看到更多的相似性而非差异性。
>
> ——拉里·布利特(Larry Brilliant)

通过借鉴 17 世纪防疫措施的历史记录,米歇尔·福柯论述了危机时期的权力规训机制,他依据市政档案描述了疫情来袭时的管理流程和步骤。首先,空间要被封闭和隔离。城镇及其周边地区都不再开放,每块被切割划分的区域都由一名高官负责,每条街道由一名理事看管。这些工作人员的任务是在疫情期间从外面锁住每间房子的门,并将钥匙交给各自的主管保管。城里的居民就这样被隔离起来,禁止走动,否则将被处死。在这种特殊情况下,"移动会招致死亡,而人们会杀死一切'动物'。"

理事们每天都在他们负责的街道上挨家挨户进行调查,把住户叫到窗户前,登记他们目前的健康状况:是否生病、是死是活——都要备案。然后理事们将信息报告给他们的负责人，后者再上报给镇上的治安官。无休止地检查产生的数据在既定的监管链中不断上传，人口被相应地按照所在空间归类管理。四五天后，消毒队将挨家挨户地"净化"场所，这样才能根除该地区的疾病。权力由此被统一调动起来，以对付一个特殊的敌人。在强加的理想化社会形式当中，这样的敌人是显而易见且无处不在的。

相比之下，21世纪的人们对新冠疫情的反应呈现出明显不同的权力动员模式。在此过程中，除了空间隔离、无休止的检查和长久备案等规训机制，还出现了一些对抗病毒的方法。在没有可行疫苗的情况下，政府所能做的就是试图改变大众行为。这不仅包括督促人们在公共场合戴口罩，保持社交距离，防止病毒人传人，还包括设计各种以跟踪和控制病毒传播为目标的接触者追踪方法，不同形式的权力载体出现了。这些载体不仅依赖于"分割"和"隔离"的空间分类策略，而且还涉及促成个人行为改变以及追踪特定空间中传染体运动轨迹的一些手段。与福柯同时代的德勒兹从规训社会与控制社会之间的差异出发，描述了这种权力形式。这种情况下，控制不是通过封闭、锁定某物或以其他方式限制其自由移动来实现的，而是"在任何给定的瞬间，给出任何元素在一个开放环境中的位置"。这种在任何特定时间点对任何移动物体进行地理定位的概念，以及可能以有利于社会共同利益的方式指导该物体行为的前景，都反映了位置数据代理商和政府公共卫生机构的共同夙愿。

福柯从1975年至1976年在法兰西学院发表的系列演讲阐述

了生物政治学的概念，重点谈到社会中的生命管理问题。在福柯看来，生物政治学中的规训机制已从单一地区扩展到全部人口，旨在"保障、维持和繁殖生命，使社会生活有条不紊"。福柯认为生物政治学是一种控制机器，它对"全球大众"行使权力，决定了谁会活着。天真的人们可能期望当前这种全球范围内致力于防控新冠疫情的意志会转化为更加民主的生物政治学形式，这种形式下挑战社会公平和包容性的议题将推动公共政策和决策的制定，至少在面临疫情这样不分社会和文化差异的现象时，我们可以尝试寻求共同点。"病毒是机会均等的传染源，"知名流行病学家拉里·布利特说过，"把我们自己看作病毒，可能是更好的方式，因为这样我们就能看到更多的相似性而非差异性。"

在本章中，我们考察了在国际社会应对新冠疫情的过程中，不同地区的反应和举措。从实行威权主义形式的强制控制，到依靠个人理性决定社交距离的自由主义，这些不同的应对策略反映出不同形式的生物政治学。一些人认为利用国家安全部门从手机中获取的位置数据来协助追踪感染的接触者并无大碍，另一些人则更愿意委托大公司开发保护隐私的技术，利用蓝牙技术感应距离。

人们对新冠疫情防控的生物政治学并非毫无怨言。在疫情早期，哲学家乔治·阿甘本（Georgio Agamben）写了一篇题为"流行病发明"（The Invention of an Epidemic）的博客文章，质疑了这场公共卫生危机的实际严重性。他的《例外状态》（State of Exception）一书追溯了历史上政府权力扩张过程，其中写道："针对新型冠状病毒采取的狂热的、非理性的、毫无根据的紧急措施，我们应该立足于国家研究委员会（CNR）发布的声明。该声明不仅指出'意大利没有 SARS-CoV2 流行病'，而且还报告了'参照截至目前的流行病学数据和数以万计的病例，该感染在 80%~90% 的病例中只引起轻微/中度的症状（类似一种流感）。'"这种新冠疫情与流感相似的说法在美国等地区的自由主义者和保守主义者中引起了强烈反响，在公共场合戴口罩的行为与其说是保障公共卫生的最佳做法，不如说是划分政治派别的标志。特朗普总统最初就将这种病毒贴上了民主党"骗局"的标签。还有人则像英国首相鲍里斯·约翰逊和瑞典首席流行病学家安德斯·泰格内尔（Anders Tegnell）倡导的那样，建议让病毒在整个社会中"缓慢燃烧"，以便在人口中形成群体免疫，避免停产带来不利的经济影响。而在荷兰继"二战"以来国家实施第一次宵禁之后，荷兰公民连续三夜暴动，抗议政府的新冠防疫措施。

可视化的数据和绘制病毒空间维度的各种尝试性做法，在塑造我们对于病毒在世界范围内传播状况的理解中发挥了关键作用，这也进一步直接影响到我们是否会根据相关认知调整自己的行为。数据收集和可视化实践本身也存在争议，佛罗里达州就有这样一个典型的案例。在该州疫情暴发的高峰期，政府内部有人曝光操纵疫情数据的行为。在联邦政府层面，卫生与公众服务部被任命的官员试图控制医院数据的流动（尽管以失败告终），然而几十年来这些数据一直是由疾病控制和预防中心掌握。在这段特殊时期，我们坐在与世隔绝的屏幕前，沉浸于各种统计数据之中：感染率、住院人数、重症监护室病床占用率、每日死亡人数，以及所有这些数据对经济指数产生的相应影响。我们把希望和信念寄托在数据模型及其预测的真实性上，试图据此论证公共卫生措施的有效性。

还有人则把希望寄托于技术社会系统的发展，例如通过自动化的接触者追踪系统缓解病毒的传播。他们在人们等待疫苗和有效治疗方法之时急于开发新技术，以"拉平曲线"。最初由医院和公共卫生组织进行的新冠疫情测试开始由私人实验室承担，连空旷的停车场中都出现了测试点。虽然接触者追踪应用程序确实存在"假阳性"的问题，但高风险的紧急护理测试点可能会导致更多"假阴性"案例。正如拉图尔所说的，"气候科学的否定者们为我们的后真相现实铺平了道路，疫情科学的否定者和反疫苗的支持者也是在这片墓地中自掘坟墓。"

表征疫情空间：拉平曲线

绘制流行病数据地图的做法并不新鲜。制图学家们经常提到约翰·斯诺（John Snow）的贡献，他绘制的 1854 年英国伦敦霍乱暴发地图就是一个早期的案例，说明疾病病毒传播的空间表征可以催生意义重大的见解。霍乱是一种肠道疾病，患者可能在出现呕吐或腹泻症状后数小时内死亡，而伦敦爆发的这场霍乱是西方世界史上最令人震惊的疫情之一。仅在一周的时间里，伦敦苏活区（Soho）就有 10% 的人口被感染。当时主流科学理论界普遍认为这种疾病是通过瘴气传播的，或者是由空气中的微粒污染导致。然而斯诺认为，这种疾病不是通过空气而是通过被污染的水传播开的。当时人们家里或办公场所都没有自来水，他们使用城市的水井和公共水泵来获取饮用、烹饪和洗涤的水源。斯诺怀疑生活或工作在受污染水泵附近的人们最有可能使用不干净的水，从而感染霍乱。为了研究他的假设，斯诺制作了一张地图，将每个已知病例与该地区的公共水泵联系起来。所绘地图显示这些病例都集中在位于当时的布罗德街（Broad Street）的一个水泵周围。斯诺通过对那些患者的用水习惯进行跟踪调查，证实了他的猜测。最终发现，该泵提供的水源确实被附近的一个污水池污染，那里处理过被霍乱感染的婴儿的尿布。从此以后伦敦人学会了在用水前将水煮沸，从而结束了这场流行病的肆虐，同时也确立了流行病学地图的科学力量。

研究者们在绘制新冠疫情的传播图时也采取了各种方法。在疫情最初几个月，约翰霍普金斯大学的系统科学和工程中心创建了一个基于 GIS 的在线仪表盘，作为病毒现状数据的交换场所。美国各州各县都将在此基础上建立自己的仪表盘，按邮政编码绘制新冠病毒病例数、每日和累计死亡人数、感染率和检测率等。这也为《纽约时报》《华盛顿邮报》《卫报》等主流网络新闻媒体工作者们创建了互动式的新冠疫情"追踪器"，让网站访问者能够按照各种标准浏览、过滤和分类相关的疫情数据。这些资源中有许多是由开放的数据源和应用编程接口驱动的，这允许更多的数据专家和信息设计者独立制作个人的数据可视化地图。这些数据由学界、独立学者和信息爱好者在社交媒体上分享，主要用于当地政府官员的汇报演讲。

当然，这些数据很容易出错或者被操控。2020 年春季正是疫情的高峰期，佛罗里达州卫生部宣布解雇为该州设计、开发和管理新冠肺炎疫情仪表盘的数据科学家——丽贝卡·琼斯（Rebekah Jones）。她声称被要求修改数据，以支持共和党州长罗恩·德桑蒂斯（Ron DeSantis）在新冠病例飙升的情况下重新开放经济的计划。乔治亚州的共和党州长布莱恩·坎普（Brian Kemp）也打算重新开放本州的经济活动，他不得不为本州公共卫生数据库提供的有关病例下降趋势的可视化错误信息而道歉。相关图表显示，新冠病毒病例、死亡和住院人数在放宽限制前两周达到高峰后急剧下降乃至接近于零。然而，经过仔细检查后发现图表上的日期显然不符合顺序：它们明显是后来操控的，为了给大众留下病例数量正在减少的印象。纽约州州长安德鲁·科莫（Andrew Cuomo）因大大低估了养老院的新冠病毒死亡人数而受到批评。在纽约州总检察长莱蒂西亚·詹姆斯（Letitia James）提交报告之后，卫生部官员宣布，3800名在医院死亡的养老院居民此前没有被州政府算入死亡人数，这意味着州政府的官方统计数字可能有高达50%的偏差。据报道，该州之所以截留了这些真实数据，是因为担心特朗普（科莫是特朗普强烈的批评者）政府会以此为借口展开联邦民权调查。

卫生与公众服务部在2020年夏天试图控制美国的医院数据流，这不仅让人怀疑政府对个体数据集的操纵，也引发了公众在国家层面对于报告疫情相关数据的基础设施本身的担忧。早在这次疫情之前，美国疾病控制中心已经通过国家医疗安全网汇总了医院数据。这套网络是一个通过与个体医疗机构合作，在15年内发展起来的公共卫生项目。这套网络绝非完美，有很多不便

"体贴"的算法：数据如何重塑生活空间

之处（例如它要求所有的数据都必须手动输入），但全国各地的卫生保健管理者都熟悉这个系统，并信任它的数据。联邦和州政府官员一直在使用这些数据来评估疫情对医院承载能力的影响，以此为依据分配和调度稀缺资源，其中就包括有限的药品库存和个人防护装备。同年7月，特朗普政府和白宫新冠病毒工作组协调员黛博拉·伯克斯（Deborah Birx）宣布了他们突然将管理新冠疫情医院数据的责任转交给私人公司以便简化信息收集工作的消息。卫生与公众服务部将合同授予电子追踪技术公司（TeleTracking Technologies），这是一家位于匹兹堡的、提供患者数据服务的小公司，由迈克尔·扎马吉亚斯（Michael Zamagias）负责经营，他还与特朗普组织投资了数十亿美元的房地产项目的某家公司有关联。硅谷企业家彼得·蒂尔（Peter Theil）创立的、以数据分析软件闻名的帕兰提尔科技公司（Palantir Technologies）将负责管理该数据库（我们后来发现他们还对最终的疫苗分配和分发有决策权）。同年11月中旬，《科学》（Science）杂志考察了这个名为"HHS保护"的新系统，发现HHS的数据经常与另一套联邦疫情数据源收集的数据以及州政府提供的数据不一致，和"当地的显著现实"存在巨大差异。虽然不同系统报告的数据存在差异的情况并不罕见，但在疫情期间突然重新操控关键的公共卫生数据流必然会受到广泛批评。数百个公共卫生组织和专家警告说，这种变化"可能会严重扰乱政府了解疫情和采取应对措施的能力"。卫生与公众服务部终将在这个问题上转变态度，医院也将恢复直接向美国疾病控制中心报告数据的做法。

这种不完美的、充满矛盾的疫情数据既揭示了很多现象，也

第九章　疫情例外论

掩盖了很多问题。许多人对于病毒危害程度的认识是通过与一组遥远的抽象概念产生联系，在一定距离范围内形成的。每个地区邮编显示的每日死亡人数或各县阳性测试百分比对于我们了解谁被感染、在哪里被感染以及是否以此为基础采用一般风险计算之外的行动方案并没有什么帮助。数据从哪里来、在什么条件下被收集而来、如何被组织和汇总、如何被作出选择性的表述等因素在当代媒体环境和信息传播过程中常常被掩盖。

在官方表述之外还有一些独立的倡议，允实了我们对于病毒冲击所带来的不公平的理解。诸如《大西洋》(Atlantic) 杂志上的新冠种族数据追踪器和加州大学洛杉矶分校法律部主持的新冠病毒影响下的入狱数据等项目提供了更为精细的疫情地图，明确描述了谁在哪里被感染以及当地疫情热点的具体位置。将数据按种族和民族分类，或将数据重点放在单一地点（如监狱、美国移民和海关执法局的拘留中心）等做法为我们提供了疫情状况的替代性表述，有助于我们深度理解病毒的传播在细节上的微妙差别，同时凸显了那些在主流疫情表述门槛之下或之外的人物和地方。诸如这样的举措（还有很多可以列举的）强调了这场疫情分布不均的概貌以及所反映出来的根本性不平等的社会问题。

可以肯定的是，这些对疫情范围和程度的不同表述有利于我们理解病毒的空间性和它传播过程中的社会动态，这一切反过来又为我们的公共决策提供了参考依据。这些决策涉及关键资源的规划分配、对于那些受感染人群的关照，以及旨在在具体空间中缓解病毒传播的办法。当我们沉浸在这些表述所构建的统计意象中时，我们还要面对社会责任，即尽我们的全力"拉平曲线"，以此来管理我们医疗系统的保障能力。在此背景下也出现了一些预测模型，我们可以根据在某一时刻作出的决定预测未来。华盛顿大学的卫生计量与评估研究所是一家独立的全球健康研究中心，其团队开发了一个被广泛引用的预测模型。该模型基于医院系统的数据（如可用的重症监护室床位和监护人员，每天和累计的死亡人数，检测率和感染率，以及使用面罩和保持社交距离等做法的影响），旨在帮助医院系统和州政府预判新冠疫情的发展何时会超出全社会护理患者的能力。

还有些开发的模型是为了在病毒暴发之前预测其暴发的概率和状况。由哈佛大学的毛利西奥·桑蒂利亚纳（Mauricio Santillana）和尼科尔·科根（Nicole Kogan）领导的国际研究小组就研发出了这样的模型。研究人员结合了各种来源的数据流，其中包括谷歌检索活动、有地理定位的推特帖子、临床平台 UpToDate 上的寻医数据、智能手机移动数据、Kinsa 智能温度计用户分享的读数。这一举措建立在谷歌的一个名为"谷歌流感趋势"的项目之上。该项目试图通过监测数百万用户的在线搜索活动来预测特定人群中是否存在类似流感的疾病。作为一款"新冠疫情早期预警系统"，哈佛大学团队的研究人员打算将该模型"作为冷却或加热系统中的恒温器，可跟随新冠疫情的趋势指导如何间歇性地启动或放松公共卫生干预措施"。

减缓疫情的技术社会系统

随着公众对疫情范围和程度的了解加深，开发技术社会系统以减轻其影响的各种方法也在不断发展。我们可以确定开发这些系统的四类主要应用领域。第一类是对隔离条例的执行以及大规模社交距离措施和行动限制，也就是通常所说的"封锁"。这需要监测感染者是否遵守了居家隔离的准则，只有被授权的个人才能在特定区域内活动。这一目标的达成大多是通过智能手机或脚环追踪器来实现的，有时也可以通过智能手机的签到过程来完成。第二类被称为"接触者追踪"，这套系统性地可以识别与已感染病毒的人有过接触的人，通过系统性地在世界范围内部署的各种技术可以做到这一点。这类传统的办法技术含量很低，多是雇用大量人员对感染者的接触者进行人工跟踪。这种方法费时、费力、费钱，仅依赖于个人记忆，而且几乎不能近距离地识别这些陌生人的面孔。较新的高科技方法则可采用自上而下的、国家支持的做法，例如利用 GPS、手机基站定位和追踪数据流。除此之外也可采用自下而上的做法，例如通过智能手机的蓝牙技术获得更能满足隐私需求的点对点接触数据。第三类是对某区域内的人员流动状况进行人口建模，以明确疾病的传播过程以及人们是否遵守封锁和社交距离的准则。第四类是开发社交图谱，利用手机的位置数据结合机器学习算法来识别经常接触的人，并依照数据的实时变化提醒用户在个人社交网络中存在哪些感染病毒的风险因素。迄今为止，这种应用类型还没有一个已知的、可执行的成功案例，但将其作为一种研发方向的可能性来思考可能会很有启发。这些技术社会系统的具体设计和落实方法在全球不同地区、不同范围内差异很大，它们也要适应部署地区的社会、文化和政治条件。

"体贴"的算法：数据如何重塑生活空间

　　一些国家对检疫指令和行动限制措施的执行采用了高度集中的、强制性的规训模式。在波兰，政府会向被隔离的人发送短信，要求收件人在 20 分钟内用地理定位的自拍来回应问询，否则将面临警方介入。

　　瑞典则采取了完全不同的方法。该国倾向于依靠公民个人的自觉对保持社交距离的倡议作出理性决策，政府没有实施大规模的针对个人行动和经济活动的限制措施。瑞典人最初采取的就是无口罩战略，旨在产生对病毒的群体免疫，而没有实施严格的封锁政策。虽然当时瑞典政府确实禁止人们参与 50 人以上的大型集会，并广泛宣传防疫相关的公共卫生信息，但从未有过全国范围内的封锁行动。尽管大学和中学的教学活动转移到了互联网上，国家鼓励人们在家工作，并敦促老年人自我隔离，然而，儿童日托中心和小学仍然开放，餐馆、酒吧、健身房也是如此。疫情期间，瑞典人均死亡率是欧洲最高的，它的死亡率是其邻国芬兰和挪威的十倍，而这两个国家实行了更严格的封锁政策。瑞典的经济也受到了很大冲击，第二季度的 GDP 同比萎缩了 8.3%。为避免第二波病毒来袭，该国加强了病毒检测和接触者追踪工作，重新实行了隔离限制措施。在欧洲大部分地区，所有与感染者接触过的人或去过特定风险区域的人都要接受为期 14 天的严格检疫，而瑞典只对那些与感染者同住的人实行 7 天检疫。瑞典公共卫生机构主任乔安·卡尔森（Johan Carlson）解释说，至少在疫苗到来之前，让人们可以坚持忍受为期一年的防疫措施，因此要在不过度干扰人们正常生活的情况下缓解病毒传播。

　　除了与执行隔离和封锁有关的规训机制，一些地区还试图通过实施各种控制系统追踪接触者。以色列等国家就采取了集中式的、自上而下的方式，重新利用其国家安全部门"以色列安全局"的反恐技术，在没有授权的情况下追踪疑似新冠病例的手机位置。这套方法最初于 2020 年 3 月获得政府批准，但由于隐私问题和对其有效性的质疑，该方法存在法律风险。内阁小组在当年就撤回了相关技术的使用授权，让这套办法在 2021 年 1 月到期。当 2020 年 2 月疫情开始蔓延时，韩国统计的新冠病例数量激增。该国开展了一系列积极的接触者追踪活动，其中包括追踪闭路电视监控录像、手机定位数据和信用卡交易记录，以明确病毒的传播轨迹。扩音器和短信都被用来广播有关感染者到访过的具体地点和时间信息，要求去过相同地点的其他人接受检测。到 3 月中旬，韩国每天的新病例下降到 100 例以下。值得注意的是，这还是在没有实施全国封锁的情况下取得的防疫成果。

为了解决隐私问题，苹果和谷歌公司在美国推出了一种更加去中心化的、分散式的方法。它们的技术是利用蓝牙信号检测智能手机之间相对距离，而不是捕捉 GPS 或基站数据来确定个人的绝对位置和移动路径。该系统能够避免将个人位置和其他个人信息存储在一个集中的服务器上。苹果和谷歌公司还合作开发了一款适用于苹果和安卓手机系统的应用程序接口，他们向公共卫生组织提供了使用这款应用的机会，以便改进其研发工作。该系统的工作方式如下：人们将从他们所在的公共卫生组织下载追踪接触者的应用程序，并选择在他们的移动设备上启用蓝牙，向附近的其他人发送信号，听取他人的信号反馈。如果两部手机保持近距离超过几分钟，每部手机都会登记该事件并交换独特的"灯塔"标识符，这些作为信标的符号根据存储在每个设备上的加密密钥不断变化。公共卫生机构可以根据当前病毒的各项传播指标，调整社交距离和持续时间的阈值，算作一次接触的重要参数。感染病毒的人会在应用程序中显示他们的状态，应用程序将把他们前两周的密钥上传到服务器。然后服务器会生成受感染者的信标号码，并将其广播到运行该应用程序的其他手机网络中。如果用户收到了与他们手机上存储的信标号码相匹配的号码，说明本人很可能与染疫者密切接触过。这时系统会产生曝光通知，告知用户接下来该怎么办（见图9-1）。

　　隐私倡导者和技术批评者们很快就指出了这套接触者追踪方法在社会和技术层面上存在的局限性。它是根据基站位置信息（CSLI）的技术系统，通过三角测量与之通信的基站位置来计算移动设备的位置。但其粒度不够，所以没多大用处。CSLI数据的精度因信号强度、信号塔密度、网络负荷等其他因素而存在差异。在农村地区，CSLI只有在几平方英里范围内才能保证准确性，而城市地区的信号塔部署得更密集，准确性更好，但仍不足以发挥实际作用。尽管理论上GPS定位能够在三英尺范围内确定地理位置，但在空旷的天空下，其标称精度通常在接近15英尺至60英尺的范围内。此外，该技术在室内无法运作，在恶劣天气条件下会受到大型建筑物和云层的阻碍，而且GPS接收器在首次开启时可能需要数分钟才能识别其位置。苹果和谷歌公司设计的蓝牙追踪系统并不是默认启用的，它将开启这项服务的责任完全放在了个人用户身上。此外，这两种方法都不能确定接触范围内的两个人是否被玻璃等屏障隔开，也不能感应到某人咳嗽或打

第九章　疫情例外论

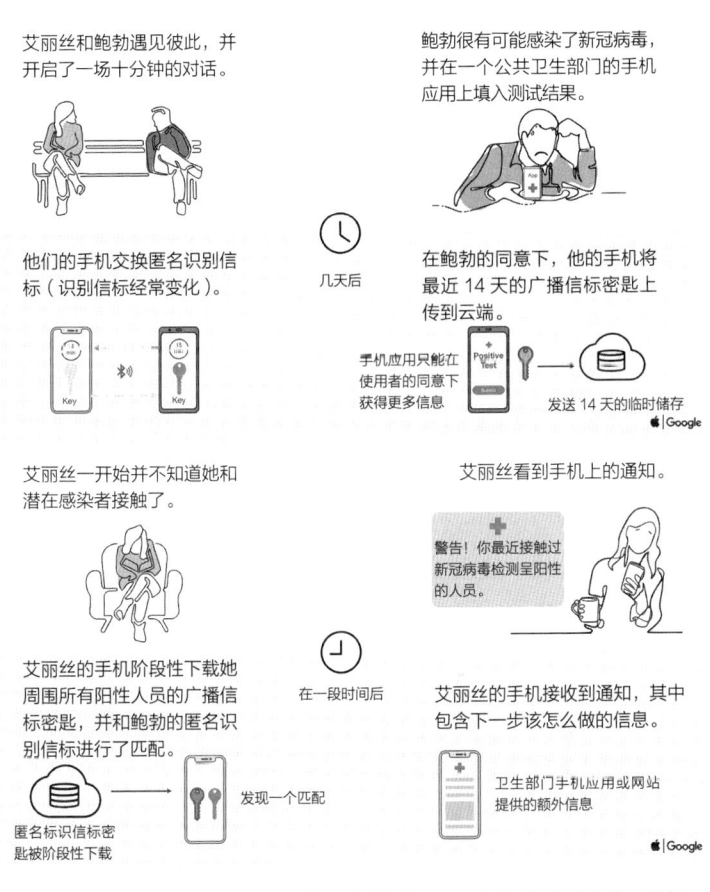

图 9-1　苹果和谷歌公司联合研发的应用程序中的曝光通知系统

喷嚏时那种短暂而强烈的接触。例如在以色列，一名女士就因为她在染疫男友公寓楼外通过窗户向其挥手而被下达了隔离令。

　　这些技术同样存在着社会面的局限性。有报告称以色列人在公共场合避免使用手机或者完全关闭手机，以此来逃避接触者追

205

踪和潜在的检疫令，这可能会产生重大的社会和经济影响。如果报告自己的病情会使你无法工作，从而无法养活自己及家人，那么人们不报告病情的动机就很强烈。此外，正如剑桥大学安全研究员罗斯·安德森（Ross Anderson）指出的那样，想要玩弄该系统的学生还可能自我报告症状，让整个学校所有学生都被打发回家。研究表明，涉及接触者追踪应用程序的系统需要高达60%的采用率才能完全控制病毒，这即使对西方社会来说也是很高的标准，因为社会上有许多人——如年幼者、老年人和那些习惯使用老式"非智能"手机的人——可能不愿麻烦或无法下载所需的软件。

  监测病毒传播和封控措施的有效性会涉及所谓的人口水平流动模型。这种技术建立在汇总人们智能手机里收集的电信、导航系统、社交媒体平台、天气应用程序等各种来源的定位信息基础之上。行业研究发现，谷歌和苹果的应用商店中大约有一半的应用至少使用了一种能够获取位置数据的服务。这些数据被用来建立本地、区域和国家范围内人口流动的模型，研究人口流动的习惯，如州际公路上的长途交通量，某城市内人们的平均旅行距离，或某县人口中的居家比例。"新冠疫情移动数据网络"这样的倡议就是由来自哈佛、普林斯顿、约翰霍普金斯等大学的40名健康研究人员发起的活动。他们与美国多个州和城市的市政系统共享了从脸书收集的定位数据中观察分析得出的见解，以帮助监测和制定有效的应急措施。还有一些政府机构依靠商业定位数据获取了人口流动数据。X-Mode 就是一家通过名为"醉酒模式"（防止用户在醉酒后拨打电话）的应用程序收集位置数据的初创公司，它能向各联邦机构提供数据服务。位置数据代理商 Unacast 利用从智能手机应用程序中获取的 GPS 数据，为美国各县都创建了社交距离记分卡，以协助各州评估其采取的流动限制措施是否有效。有关疫情期间人口流动模式的数据也有商业化的应用。在线旅游公司 Tripadvisor 推出的网站利用数据代理商提供的平台服务，根据一周中每天不同时间的人流数据绘制出了商店和公共场所相对拥挤程度的可视化模型。这项免费服务能够帮助人们就何时何地购物、去餐馆吃饭、去健身房锻炼等活动作出更好的决定。

斯坦福大学的新冠疫情流动性网络建模项目也利用从数据代理商获得的数据，尝试开发一个更加精细的疫情传播过程模型。他们的模型模拟了人口在某个地方的流动模式，试图预测谁被感染、在哪里被感染以及何时被感染。预测结果与特定地区实际病例的基本事实相关联，以验证该模型的准确性。研究人员使用了 2020 年 3 月至 5 月的数据，他们所研究的每个社区都是从低感染水平开始模拟。随着模拟的进展，人们根据他们工作的流动性数据四处活动。如果在同一小时内有多人访问同一兴趣点（POI），该模型就会预测出一些新发生的感染病例概率，这一结果取决于 POI 的范围大小、人们在那里停留的时间长短以及具有传染性的人口规模。该模型甚至还考虑到居家人口因家人传播而被感染的情况。研究人员声称他们的模型能够支持详情分析，可以为应对新冠疫情的政策制定提供有效信息，从而推动更公平、更有效的重新开放战略。在《自然》杂志上发表的一篇经过同行评审的论文中，研究人员发现餐馆传播病毒的风险是健身房的四倍。

该模型预测少数超级传播者的 POI 覆盖了大部分的感染面，限制每个 POI 的最大占用率比一刀切地限制流动性更有成效。

该模型还显示，由于不同的流动习惯，处于不利社会经济地位的群体被感染的概率更高。这些群体不能像过去那样大幅度减少他们的流动性，而且他们到访的 POI 空间更狭小、更拥挤，因此风险更高。模型发现低收入社区人口比高收入社区人口去杂货店的人均次数要多得多，因此在预测中他们的感染率也更高。在研究的 10 个大都会中，有 8 个的社区人流数据显示出低收入社区人口所访问的典型杂货店内每平方英尺的小时访客数量比高收入社区样本多 59%，平均到访时长多 17%。正如我们预测的那样，有钱人可能更有条件也更容易保持社交距离。除非他们正住在较大的闹市区，否则大多数情况下这些人不必依赖于公共交通。他们也往往更有能力获得送货上门的日用杂货和居家服务的产品。他们可以选择待在家里办公，通过 Zoom 会议软件与朋友和同事联系，并与和他们一样的"隔离者"举行线上狂欢活动。以上发现都来自理查德·里夫斯（Richard Reeves）和乔纳森·罗思韦尔（Jonathan Rothwell）为布鲁金斯研究所撰写的一篇相关主题文章。

高危人群也将成为档案数据分析研究的重点目标。信用报告机构 Experian 宣布将挖掘其 3 亿消费者的资料，标明那些可能受疫情影响最严重的人口，并把这些信息提供给"重要组织"（如医疗保健服务提供商、联邦机构、非政府公益组织）。在这种形势下，该公司创建了被称为"高危人群"的细分市场，利用其掌握的数据资产锁定最有可能受到疫情冲击的个人和群体。这项新业

第九章　疫情例外论

务是免费提供的，目的是帮助这些组织寻找并联系高危人群，以便他们能够尽快获得所需的基本服务。当然，究竟什么算作是"基本"服务则是一个开放性问题，不难想象这些组织会基于什么样的商业利益考量，投机性地自我认定哪些内容为基本服务。这场疫情已经并将持续对不同年龄段、不同人口特征、不同地区的人群产生不同的影响。伯克希尔·哈撒韦（Berkshire Hathaway）公司的在线商业电讯新闻版面发布的一篇文章中相当直白地指出，"企业可以利用仪表盘数据深入考察不同世代、不同地区的消费者情绪，以便在消费者行为发生变化时作出反应"，"企业越了解消费者会如何应对疫情带来的后果，就越能与消费者保持沟通并满足其需求"。高危人群样本解析出的"洞察力"数据包含了一些重点信息，例如"56%的消费者正在更多地观看电视，39%的消费者正在更多地阅读报纸"，以及"在那些原计划购置汽车的人群中，超过一半（51%）的美国人打算继续按计划购车"。

新冠疫苗分配

2020年秋季新冠疫苗首次试验获得成功的消息给正在面临第二波疫情煎熬的世界人民带来了希望的曙光。在美国，特朗普政府一直在推动"曲速行动"（Operation Warp Speed），这是由卫生与公众服务部和国防部联合领导的公私合作项目，旨在促进和加快新冠疫苗的开发、制造与分配。政府聘请了帕兰提尔公司在去年夏天为美国疾病控制中心管理医院数据，监测病毒的国内传播状况，以规划疫苗的分配和分发。帕兰提尔公司与美国政府有着悠久的合作历史。该公司曾帮助五角大楼追踪本·拉登。美国移民和海关执法局也曾与该公司签订合同，开发有助于定位和逮捕无证移民的软件。帕兰提尔公司在该软件性能的基础上开发了一款名为泰比里厄斯（Tiberius）的系统，它使公共卫生官员能够汇总各类人口、就业和公共卫生数据集，确定"优先人群"的顺序以支持"分配决策"。Tiberius算法的命名取自电影《星际迷航》中船长詹姆斯·泰比里厄斯·柯克（James Tiberius Kirk）的中间名，据称它可以整合与疫苗产品相关的所有重要数据，其中包括针头、注射器和其他注射疫苗所需工具的制造、供应链、分配、（州）地区规划、交付、管理等。国防部利用联邦政府和各州的信息来源，声称泰比里厄斯"可以逐个标注优先人群所在地的邮政编码，这些人群还包括一线工人和疗养院居民"。尽管动用了很多科幻小说式的宣传，美国推出疫苗一个月后仅有3%的人口进行了接种。

截至2021年2月，虽然全世界已经接种了2亿多剂疫苗（即平均每100人接种了2.7剂），不同国家的接种计划和状况差别很大。据报告，有许多国家还没有接种过一剂疫苗。而几乎一半的以色列人口至少接种过一剂，伊朗却只有不到0.1%的人口接种过疫苗。可以预见的是，发达经济体的疫苗推广工作在很大程度上超过了新兴经济体和发展中经济体的步伐。富裕国家已经与疫苗制造商签订了广泛的供应协议，但运输和储存的温度要求使得疫苗难以被运送到一些更偏远的地方。世界卫生组织总干事谭德塞警告说，贫穷国家在疫苗供应上的落后现状将导致全球处于"灾难性的道德崩溃"的边缘。世界卫生组织与几家疫苗制造商合作，签署了一项名为 Covax 的倡议，承诺向低收入国家提供 20 亿剂疫苗，但谭德塞公开谈道，"一些国家和公司仍会优先考虑绕过 Covax 的双边交易，以抬高疫苗价格，'插队'拖延这项承诺"。

迈向更民主的生物政治学

人们除了对各种新开发或新调整的抗病毒技术提出了效能、效用、效率方面的质疑，也对后疫情世界中个人隐私、政府治理、公民自由层面所存在的长期影响表达了严重关切。疫情造成的例外状态（非常态）支持世界各地的政府采取极端措施。政府会宣扬"共同利益"的理念，试图抵消此后出现的任何负面效应。当然，如果这些措施确实能够拯救我们的生命，我们可以忍受这些措施给社会和经济生活带来的干扰。但当疫情消退时又会产生什么后遗症？这些技术和它们在疫情期间收集到的数据会发生怎样的变化？

许多人都对疫情涉及的各种隐私问题发表了看法。从美国公民自由联盟（ACLU）和电子自由基金会（EFF）等组织，到监控研究学者和数据隐私的倡导者，都对不同系统所积累的大量移动数据、社交图谱、健康信息表示担忧。正如罗伯·基钦在疫情暴发初期发表的一份关于抗击病毒传播的数字技术调查报告中所说的，"使用数据代理商提供的追踪接触者的定位移动数据没有获得被追踪者的同意"，这种做法"显然违反了数据最小化原则，即只产生执行任务必需的数据，并且这些数据只能服务于生产这些数据的初衷"。一些人担心这些数据会被第三方共享，并被重新用于其他目的。涉及去中心化、分散式数据收集方法的倡议则需要个人的明确同意，也通常会承诺所有的数据将被匿名化处理。然而众所周知，如果数据没有以正确的方式"去识别化"，有人其实可以通过诸如组合、匹配、比较不同数据集等各种操作来对匿名数据反向推导。当疫情暴发时，韩国当局开始在政府网站上公布每个病毒检测呈阳性者的详细位置记录。《纽约时报》的一篇文章指出，该网站披露了"人们何时去上班，他们在地铁里是否戴着口罩，他们换车的车站名称，他们经常去的按摩院，他们接受病毒检测的诊所名称等细节"。

还有人则担心将手机基础设施当作监控全球疫情的工具会进一步扩大社会学家马丁·英尼斯（Martin Innes）20年前所定义的"控制蠕变"。例如"9·11"事件后美国政府将民用网络基础设施用于执法和国家安全。位置跟踪、接触者追踪、人口流动建模等技术的设计目的是监测和塑造人口的社会互动和空间分布面貌。它们可能在疫情过后被重新用于警务、边防、反恐等工作，这一现象是值得警惕的。通过应用程序批准进入各种公共和私人空间的分类做法很可能成为新常态。这样一来，新冠疫情确实能让更多公众注意到公共机构和一些私人实体神通广大的力量，它们占有或获取了我们日常生活中产生的各种数据。危险的是，这些力量将在疫情过后持续存在、变成常态。不难看出，这不仅将导致监控资本家的合法化，他们为了利润而无孔不入地提取个人数据的做法会被新冠病毒"洗白"，而他们的声誉则毫发无损。美国公民自由联盟、电子自由基金会等组织发布的报告强调：这些形式的政府行为在不同人群中的应用是不均衡的，而且与更广

第九章 疫情例外论

泛的算法治理一样,种族、民族、性别不平等问题不可避免地会在这样的大背景下再现和衍生。在美国,新冠疫情的重灾区是监狱和(肉类加工)工厂,这绝非讽刺(而是事实)。恰好这些地方都具有比较典型的资本主义惩戒场所的特征。

1983年,福柯在加州大学伯克利分校举办了题为"话语与真理:Parrhesia❶的问题化"的六次系列演讲,他研究了古代哲学中的"Parrhesia"概念,即"大胆说出实话"的行为。在这些讲座中,福柯提出了一种替代性的生物政治学,这种政治学观念结合了照顾自己和照顾集体的伦理需求,同时避免了纪律社会和控制社会中常见的强制方法。当然,如果我们把这种困境描述成在威权主义生物政治学与基于公民个人理性决策的自由主义之间作出二元对立的抉择时,那就把问题想得过于简单了。然而,在疫情时期之后,我们会再次寻找民主生物政治的新形式,培养和塑造合作意识,并可能产生集体性、解释性的感知力。除了开发病毒检测的新方法、完善感应近距离传染源的应用程序、寻求更好的疫苗分配方案、保障不同风险水平的人群接种疫苗这些做法,我们还迫切需要更好的解释性实践、判断问题(好坏)的能力,以及影响集体行为的潜力。

---

❶ "Parrhesia"(希腊语中大意为"直言",常被英译为"自由言说"),该词的文献记录最早可追溯至欧里庇得斯时期的古希腊文学,它也被不少人认为是当今西方世界言论自由学说的重要历史起源之一。——译者注

第十章
尾声

越来越强大的软件工程不一定会成为"老大哥"的力量。事实上，它的裂缝远比它表面上看起多。在分子式替代性实践的冲击下，它就像被炸开的挡风玻璃。

——费利克斯·瓜塔里（Félix Guattari）

自然真空

2020 年春天，罗马的广场门可罗雀，百老汇剧院空空荡荡，涩谷没有过马路的行人，圣保罗的城市交通完全停摆。除了柏林城中的流浪狗和墨西哥城中零散落单的医护人员，从莫斯科到首尔、再到伦敦等大城市的公共空间都被有效地疏散了，"甚至连城市之声都已从城中撤退"。躺在沙发上，出于各种安全防护的原因，人们躲在家里，穿着舒适宽松的睡裤，与一堆朋友和家人混居在一起。一些人重新开始长途散步、自己烘焙面包，或者在网

第十章 尾声

飞（Netflix）、HBO 等网站上疯狂刷剧。还有人则发现这是一个可以逃离喧嚣人群的好机会，去从事节奏较慢的职业（至少是换工作的好时机），体验更简单（更便宜）的生活方式。也有一些人似乎并不关心（或是没条件关心）疫情，哪怕死亡人数再多，他们的生活还是照常进行。世界各地都报道过婚礼和葬礼上的超级传播者致使几代家庭成员和亲朋好友生病或死亡的事件。然而在奥扎克湖边，在阵亡将士纪念日的周末，密密麻麻的人群想方设法地聚会。某一刻，许多人看到了社交媒体上传播的一段用智能手机拍摄的 8 分 46 秒的视频。视频记录了一名白人警察在明尼苏达州明尼阿波利斯市的一个街角，用膝盖顶住一名俯卧的黑人男子的脖子。这一切也让公共空间的舆论炸开了锅。

疫情下城市空间存在的空白迅速被各种交战的政治和文化派别填补，无论是在网上的虚拟空间，还是线下的实体空间中，这些冲突都是可预见的。事件发生后涌现的愤怒和挫败感会在世界范围内引发各地对系统性种族主义和警察暴力的抗议，一些人认为这些问题已经超越了当前具体问题本身，并指向更普遍的"跨越国界的共同情感"。媒体理论家埃里克·克鲁滕伯格（Eric Kluitenberg）定义"情感空间"的出发点是日益强大的无线通信网络覆盖下的城市公共空间密集化。在地理学家奈杰尔·瑟弗特（Nigel Thrift）的工作基础上，克鲁滕伯格认为这些新的城市环境在当代城市主体中产生了信息过载的形式，使情感关系优先于社会互动协商的关系以及在实际公共空间中彼此邂逅的愿望。他在一篇题为《僵尸公众》的文章中指出"以互联网为中介的联络"是"在社会隔离的封锁条件下对具体接触的替代"。人们在共享的物理空间内开展有形互动的愿望与保持社交距离和遵守封锁命令的理性认知之间的冲突，产生了他所说的"肉体赤字"，即"有形体验和中介体验之间的经验和情感落差"。

克鲁滕伯格认为"情感空间"包括三个相互关联的部分：技术部分（网络通信基础设施使人们能围绕新出现的问题和议题开展动员），情感部分（富有感染力和说服力的图像、箴言、口号），空间部分（产生情感内容并在线上传播的实际城市空间）。"冲突、抗议、灾害、集体恐慌、暴力对抗，许多此类事件都在以近乎实时的方式传播，这也加速了相关信息载体（帖子、直播、短信、照片、视频、电视报道）的传播和交流，导致其很快就超越了人类的认知处理能力。"他写道，"琳琅满目的移动和无线媒体使得信息的生产和接收同时发生于现场和线上，所有信息流相互交织和补充，释放出自动催化的强大能量。这种能量只能感受，不可量化。"

情感分歧

2020年夏天，暴动的人群因一名黑人被白人警察杀害而冲上街头和广场，此情此景让人不禁想起近三十年前发生的洛杉矶骚乱。1991年，一名当地的水管工在阳台上录制了一段视频，画面显示身穿制服的洛杉矶警察恶狠狠地殴打着黑人罗德尼·金（Rodney King）。这段视频通过电视媒体传播开来，引发了洛杉矶暴动。2014年7月，纽约市警察局的一名警官以警方禁用的扼喉方式试图控制黑人埃里克·加纳（Eric Garner），导致后者死

第十章 尾声

亡，此举引起了公众的广泛关注。同年 8 月，继又一位名为迈克尔·布朗（Michael Brown）的黑人被警察枪杀后，密苏里州弗格森市发生了长时间的抗议和骚乱。白人警察针对黑人实施的系统性种族主义暴力导致大众积怨已久，这些导火索将持续多年的公愤抬升到了全新高度。一场以"黑人的命也是命"为口号的政治社会运动跃入了人们的视线。这场运动的目标是抗议警察暴力事件、倡导种族正义，但缺乏中心领导层。

2020 年 5 月 25 日，乔治·弗洛伊德被明尼阿波利斯市警察德里克·肖文（Derek Chauvin）杀害，这起引爆了全美各城镇 450 多起重大抗议活动的事件迅速在世界蔓延开来。美国防疫隔离的极端孤立性和分散性，与公共空间的高度不稳定性并存。原本这些公共空间因疫情封锁的规定疏散了大量人群，但由于大规模抗议人群走上街头，这些防控准则几乎都被人们抛弃了。在这样的情境中，本书所讨论的多种维度不可避免地交织在一起：人们是如何从舒适的家庭封锁中，见证了一名黑人在街角的迷你超市前被杀害，进而触发了人们对警察暴行的抗议和对种族正义的呼吁。强烈的感情迅速从一个国家蔓延到世界不同地方。

网络化的媒体和信息系统在组织、扩大社会抗议方面发挥的强大影响力并不让人意外。显而易见的是，这场革命不仅能通过电视转播，更依靠不断发展的社交媒体平台来传播。回顾一下十年前"占领华尔街"运动对曼哈顿下城祖科蒂公园的占领或埃及革命者对开罗塔里尔广场的占领，或 2015 年欧洲各地为应对巴黎《查理周刊》恐怖袭击而举行的大规模抗议。当时和现在一样，是一场将公共空间的实际占领与情感媒体内容在网络信息系统中的扩散结合起来的运动。其推动了标签式微观公众的产生。微观公众争夺了宏观公众的注意力,从奥斯曼·奥萨尔(Osman Orsal)拍摄的红衣女子在伊斯坦布尔被喷辣椒水的图片(见图 10-1),到 YouTube 视频网站上流传的娜达(Neda)在德黑兰街头因胸部中弹流血过多而死的视频,情感媒体将人们动员起来占据物理公共空间。这些微型公共场域是围绕共同的情感,而非共同的社会政治问题或共同信仰而形成的。

图 10-1 伊斯坦布尔被喷辣椒水的红衣女子
资料来源:阿拉米图片网。[原照片由路透社记者奥斯曼·奥萨尔(Osman Orsal)摄于 2013 年 5 月 28 日]

有研究称人的情感运作速度比环境触发的感官刺激来得更

第十章 尾声

快，是有意识感知速度的两倍。政治理论家、哲学家布莱恩·马苏米（Brian Massumi）在谈到《查理周刊》的抗议活动时指出，共同情感的出现和演变过程完全取决于进入这些集体形式的个体主体的倾向性、偏见和能力。在这些情况下，对参与其中的人来说，不存在叙述性的一致性或"情感同一性"。根据马苏米的说法，人们只存在"情感差异"（affective difference）——这也是一个群体个人化的过程。在此过程中，引发群体性关切的事件本身被共同情感所掩盖，这种情感也在不同选民中发挥着不同的作用。

分子式替代实践

美国的选区已经变得高度分化。那年夏天，公开的城市战争席卷了波特兰和西雅图的物理公共空间。极右翼的新法西斯主义者"骄傲男孩"与极左翼的反法西斯主义者展开了对峙。此类情境生动地说明了寻找社群之间的共同点必将是一个充满长期谈判和斗争的激烈过程。在这个过程中，各类行动者不断阐述和捍卫相互竞争的文化和政治身份概念。美国背景下的结构性种族主义和警察暴力，以及由竞争性总统选举活动所衍生的不断变化的叙事，在两极分化的政治空间中表现得尤为突出。

2020年5月，弗洛伊德在明尼阿波利斯遇害后，最初和平的"黑人的命也是命"街头抗议活动还只是喊着"撤销向警方拨款"的口号。到了8月，威斯康星州基诺沙市的雅各布·布雷克（Jacob Blake）被警察枪杀后，抗议活动直接引发了白人至上主

219

义者和极右翼民兵成员的正面冲突，造成了不少人员死伤。公共空间成为美国文化和政治分歧的戏剧舞台，社交媒体的帖子成了交战派别对线的阵地。那年夏天，"照片墙"上的大量资料记录了美国华盛顿的公园警察和国民警卫队如何使用催泪瓦斯、橡皮子弹、胡椒喷雾、盾牌、警棍等武器，将和平抗议者从拉斐特广场和白宫周边街道上赶走，为时任总统特朗普去往圣约翰圣公会教堂的行程开道。然而圣约翰教堂在抗议活动中遭到了破坏。

那年秋天，这种派系斗争在全国各地相继上演，最终于2021年1月6日在华盛顿的美国国会大厦爆发了冲击事件。此前几个月，特朗普这位即将卸任的总统一直坚称民主党人从他手中偷走了选举的胜利果实。在选举前，特朗普在他的竞选集会上一直在传播这一说法：如果他输给了乔·拜登，那就说明选举肯定被人操纵了。许多人认为邮寄选票是在大流行期间提高选民投票率的务实手段，但特朗普却认为这是一个欺诈选民的机会。一般来说，民主党人被认为更倾向于通过邮寄投票，而共和党人则更倾向于亲自投票。在选举前的几个月里，许多人对美国邮政局宣布它可能没有能力及时交付邮寄的选票感到震惊。这一宣布来自新任邮政局长路易斯·德乔伊（Louis DeJoy），他是支持特朗普的巨额捐款者，正在组织改革并指示拆除大大减慢邮件投递速度的邮件分拣设备。正如预测的那样，在2020年11月3日选举当晚，大多数现场投票都有利于唐纳德·特朗普。然而，在选举后的几天里，随着支持拜登的邮寄选票不断涌入，特朗普大肆炒作选举欺诈的说法，并要求停止计票。特朗普的竞选团队和他的盟友提起（并输掉）了不少于63起诉讼，对多个州的选举、计票和选

第十章 尾声

票认证程序提出异议,其中包括关键的摇摆州亚利桑那州、乔治亚州、密歇根州、内华达州、宾夕法尼亚州和威斯康星州。几乎所有的诉讼都因缺乏证据而被驳回,并被主审法官、律师和法律观察员描述为无意义和无价值。然而,尽管特朗普在法庭上连连败北,但他和他的盟友在推特的公众舆论法庭上继续他的"大谎言",即选举被从他那里偷走了。眼看着美国国会将正式认证选举人团的票数并正式确定拜登的胜利,特朗普在社交媒体上发起"拯救美国"集会,试图推翻选举结果。"1月6日在华盛顿举行大型抗议活动,"他在自己的推特上说,"请到场,我们要疯狂抗争!"

当然,特朗普经常在推特上对乌合之众进行喊话,其中包括阴谋论者、白人至上主义者、极右翼群体、反政府民兵成员,还包括你在郊区购物中心随处可见的、统计学意义上最普通的白人。他的支持者基本盘还有:"匿名者 Q"(QAnon)的信徒,这些人相信一个无所不在的阴谋——整个世界由一个位于权力巅峰的民主党人和好莱坞精英组成的团体在管理,而特朗普总统正在执行一项绝密的任务,要将这些恶人绳之以法;"骄傲男孩",一个极右翼、新法西斯主义和白人民族主义的男性组织,在北美挑起并实施政治暴力;"守誓者",一个右翼的反政府民兵组织,其成员包括现役和退役的军人、警察和承诺履行所有军队和警察的誓言,以"捍卫宪法,反对一切国内外的敌人"的人。对于这些杂牌军,"阻止偷票"这一关切必将引发群体性事件,但焦点很快就被事件所引发的共情所掩盖。随后几个月内展现的事态将所有人都不同程度地卷入其中。

"体贴"的算法：数据如何重塑生活空间

特朗普的支持者冲击国会大厦的画面被所有主要新闻和网络媒体进行了实况转播。当时大多数记者都在报道国会认证投票的流程，一些人在报道街边的"拯救美国"集会，受特朗普煽动的人群沿着宾夕法尼亚大道向国会大厦游行，以"阻止偷窃"。当一些暴乱者冲破警方封锁线、冲进大楼的台阶时，电视新闻的镜头从参议院和众议院议员的讲话转向了从外面破窗、破门而入的人群。当传统的电视新闻联播播放出国会大厦外的暴民蜂拥而至的画面时，冲入大厦内的个别暴乱者竟然也在社交媒体平台上直播暴乱画面。社交媒体就这样成了该事件最主要的新闻来源，相关画面被各大网站和媒体转载，在整个下午和晚上重复播报。

社交媒体同时也成了随后几周内用于协助识别、逮捕暴乱者的主要手段。许多暴乱者一开始相信大多数普通的执法人员，尤其是他们的总统特朗普会欢迎他们的行动，或者至少不会认为他们的行为不合法。暴乱者几乎没有努力隐瞒自己的身份，所以有人会在推特、帖子和当天事件的视频直播中炫耀自己参与行动的经历。尽管联邦调查局确实从电信部门收集了手机基站数据，并用面部识别软件分析了闭路电视录像，但个人利用的社交媒体也成了开放式和分布式的监控工具。用社交媒体识别暴乱者，随后再向联邦调查局报告的做法可能更为有效。执法部门将成为新兴信息市场的一大客户，这也印证了几十年来一直在徐徐酝酿的权力循环。

多伦多大学公民实验室的高级研究员约翰·斯科特-雷尔顿（John Scott-Railton）使用了几种技术来识别一名出现在参议院的视频画面中的男子。这名男子戴着武装头盔、穿着防弹衣、戴着

第十章 尾声

尼龙扎带。斯科特-雷尔顿通过图像增强、面部识别技术以及缝在他的军装上带有可识别标志的补丁所提供的情境线索，确定该男子就是退役的小拉里·伦德尔·布洛克（Larry Rendall Brock Jr.）中尉，他本人是得克萨斯州空军学院的毕业生和作战老兵。在斯科特-雷尔顿检查的图像和视频中，布洛克佩戴了几个徽章，其中一个是得克萨斯州旗的标志，叠加在一个名为"惩罚者"（Punisher）的漫威漫画人物图标上，该漫画深受军队成员、警察、白人至上主义者和"匿名者Q"信徒的欢迎。他还发现了一个与布洛克有关的推特账户，该账户使用十字军战士的形象作为个人形象，并在最近被注销了。斯科特-雷尔顿告诉《纽约客》的记者罗南·法罗（Ronan Farrow）："所有这些东西叠加在一起，就像是他的个人简历。"就在法罗发表了关于斯科特·雷尔顿的报道两天之后，布洛克就被联邦调查局逮捕了。

另一些负责开源数据的档案管理者和情报人员也参与了确认暴乱分子和还原当天事件过程的工作。当亚马逊网络服务公司宣布流行于极右翼社群的社交媒体 Parler 将在其网络托管平台上禁用时，一些人开始担心这有可能导致围攻国会大厦参与者的罪证被删除。Parler 是右翼社群的一个重要组织工具，他们在攻打国会大厦前的几个月里在该平台上吹响了他们的集结号。在他们看来，这些证据是必须保留的。谷歌和苹果的应用商店已经从其下载服务中删除了 Parler 手机应用程序，但这些内容仍然可以通过亚马逊托管的 Parler 网站访问。一个名叫 donk_enby 的黑客迅速作出了决断，联合了一群独立的数据档案管理者们介入了保护 Parler 内容的工作。

1月9日，亚马逊宣布从第二天午夜起关闭Parler。在这段时间内，一群黑客和数据研究人员组成的"档案组"抢在Parler关闭之前下载了里面几乎所有的帖子、图片和视频，由此创建了一个56.7太字节的庞大数据档案库，包括了Parler原本内容体量的96%。该小组设法抓住了网站架构的弱点，利用美国国家安全局创建并公开发布的一款名为Ghidra的反向工程软件，提取了每个公开帖子的统一资源定位符（URL）。Ghidra的功能获得了美国国家安全局的官方证实，"它有助于分析恶意代码和类似病毒的恶意软件，可以让负责网络安全的专业人员更好地了解网络和系统中的潜在漏洞。"显然，这里也包括别人的网络和系统。"档案组"还设计了一款工具，允许推特用户匿名自愿贡献个人带宽流量，以加速数据的传输，据说其数据传输的峰值可以一度达到每秒50兆字节。

这个数据集成为可检索的公共档案，也将成为ProPublica报道的依据。ProPublica是一个独立的、非营利性的新闻工作室，制作公益性、调查性的新闻产品。该数据库由大约4.12亿个文件组成，包括1.5亿张照片和超过100万个视频。由于Parler没有遵循通常的数据安全做法，即从其用户的发布中剥离元数据，这些媒体对象包含日期、时间和GPS坐标的嵌入式元数据。有了这些信息，ProPublica能够过滤出大约500个在暴乱期间由白宫和国会大厦附近的人上传的视频，并按时间和地点进行分类。他们制作的互动式时间轴从数百个角度提供了前所未有的洞察力，生动详细地展示了当天的事件。一些镜头能让人近距离感受到难以置信的强烈冲击力。

第十章 尾声

　　媒体所述的这群人其实很缺乏凝聚力,他们存在各种内部矛盾。我们看到相信"匿名者Q"的雅各布·钱斯里(Jacob Chansley)在暴乱期间戴着带角的毛皮头盔赤膊上阵,冲入了参议院会场。我们看到一群人涌上大厦内部的楼梯,高呼着"吊死副总统迈克·彭斯(Mike Pence)"。我们看到一名妇女在试图跳过室内门的侧板时被枪杀。对许多骚乱者来说,2021年1月6日是多年的网上言论汇聚到实际建筑中的日子,在那里,他们谩骂的对象以一种陌生和混乱的方式出现。正如ProPublica记者亚历克·麦克吉利斯(Alec MacGillis)在分析档案中的视频时所说:"让我印象最深的是,这群袭击国会的人让我想起了多年来我在共和党常规竞选活动中看到的和与之交谈过的人……戴着高尔夫球帽的丈夫和发型整齐的妻子,兄弟会的男孩,带着儿子的父亲……参与者中有斗殴的年轻人,也有一大批资产阶级的人——从郊区父亲到乘私人飞机而来的房地产经纪人,都在脸书上高调宣布自己'冲进国会大厦'的计划。"一方面,这些人是当年美国规模最大的同质化(白人)群体。另一方面,这也是美国社会的一个横断面,它将铁杆的白人至上主义者和你可能在村郊俱乐部碰到的伙计们结合在一起。麦克吉利斯写道:"视频中各种各样的人物动机和人物形象让人看花了眼。"

　　在记录围攻事件的数百个视频中也出现了某些矛盾而复杂的人群组合。人们在某些场合表现出敬畏和困惑,同时也存在伸张个人权利的声音——"这是我们的房子"。然而当骚乱者砸碎窗子、破门而入或翻动参议员的办公桌时,我们也听到了要求克制的呼声。"哦,上帝啊,别这样!停止!""不要破坏我的房子!"

他们陷入声称拥有那所房子和捣毁它的冲突中。这种认知上的不协调反映在暴民试图理解警察的反应上，许多人认为警察会站在他们一边。他们有人高喊着"支持警察"，还有暴徒与警察自拍的画面。这一切与警察被旗杆殴打和被灭火器击中头部的激烈暴力场面形成鲜明对比。五名警察和四名暴乱者都因此身亡，其中一名暴乱者还是退伍军人。

随后，特朗普被各大社交媒体平台禁言和封号，他的亲信和家人也是如此。在国会大厦事件发生后的几分钟和几个小时里，许多人都在等待白宫的回应。作为回应，特朗普重申了其选票被盗的说法，并告诉闯入国会大厦的暴徒回家，同时对他们说"我们爱你，你很特别"。这个一分钟的视频让许多人感到震惊。推特在几个月前曾将特朗普指称选举欺诈的推文贴上错误信息的标签，并立即关闭了他的账户，随后脸书、"照片墙"、YouTube、SnapChat 和 Twitch 也纷纷跟进。加拿大电子商务平台 Shopify 将特朗普的竞选商品店和个人品牌店从其平台上删除。社交媒体平台开始不自觉地、非常公开地处理他们作为立法者和政策执行者的双重角色。脸书首席执行官马克·扎克伯格曾在国会作证时表示，他的公司并不从事内容审核工作，也不是言论的仲裁者。还不到一年的时间，特朗普的下台就反映出社交媒体公司已经默许要承担起曾经属于国家的权责——对媒体和信息系统的监管。

最终，拜登于 2021 年 1 月 20 日宣誓就任美国第 46 任总统。此后，"匿名者 Q"的信徒们在难以置信、无地自容和彻底否认的情绪之间摇摆不定，当然也有人仍然坚持相信这套阴谋论。新闻报道称，"匿名者 Q"的信徒在朋友和家人中被揭发。随后在华盛

第十章 尾声

顿和其他地方举行的抗议活动被"匿名者Q"组织者推迟，因为他们担心这些活动可能会成为执法部门的陷阱。"骄傲男孩"的领导者恩里克·塔里欧（Enrique Tarrio）被揭露是前联邦调查局的线人，这导致该组织内部发生内讧和分裂。司法部最终指控"守誓者"头目埃尔默·斯图尔特·罗兹三世及其他10名成员犯有煽动性阴谋罪。还有8名成员被指控谋划通过协调冲击国会来推迟总统选举的认证。到暴乱事件一周年时，联邦调查局已经在全国范围内逮捕了超过725人，知名的极右翼宣扬者和阴谋论者已经忙于内讧。他们还要周旋于焦虑不安的追随者，同时还要应对正在进行的司法调查和数百万美元的法律债务。

显现空间 / 监控空间

所有的情势都促使我们不得不思考应该如何在人与数据、代码、空间、知识、权力之间新出现的复杂纠葛中发挥主观能动性。汉娜·阿伦特本人是一名反种族主义的倡导者，她认为在公共空间中与他人对抗，从冲突的角度审视问题，能够修正我们的观点并且吸纳他人的不同观点。我们不一定非得促成统一的、一致的、单一的公众意见。相反，我们正是在形成公共意见的过程中建构出集体身份的。当需要区分真相和谬误时，以及在需要决定针对他者的行动路线时，我们可以向这样的"我们"寻求支持。

从这个角度看，寻找共同点是一个协商和对抗的激烈过程，在这个过程中，行为者不断地阐述和捍卫相互对抗的文化和政治身份概念。对阿伦特而言，这种参与性的公民身份依赖于显现空间的存在。在这样的公共空间内，我们将自身所有辉煌灿烂的差异性呈现在彼此面前。我们遇见彼此、交换意见，为我们的差异性辩论，由此发现的共同点也可成为民主辩论的主题。在这里，数据档案中那些不容易被注意力算法提取，并映射到特征空间内可归属集群的主体立场能够被清晰地感知。记录冲进美国国会大厦的分布式媒体档案以一种非常公开的方式呈现了特朗普支持者们的随机统计意象。

回顾 2021 年 1 月 6 日华盛顿的景象，社交媒体的话题标签下聚集了众多充满怒火的微型公共空间，而"阻止偷窃"等口号引发的共同情感导致人们最终形成了物理公共空间内的聚集。这些共同情感的强烈程度远远超过了公众意识的门槛，它们的影响力被临时、众包的社交媒体监视装置呈现出来，成了家庭谈话和辩论的话题。你的邻居、同事、叔叔都可能是"匿名者 Q"的信徒，他们都在寻找各自的立足点。推翻选举结果的努力终将失败，这一点并不难预测。它正如"占领华尔街"和"阿拉伯之春"一样，都是受共同情感牵制而出现的政治运动，本质上是短暂的。正如克鲁滕伯格提出的建言：这些政治运动的异质化组成结构，产生了它们本质上的不稳定性。它们无法捕捉到这些强烈情感的全貌，容易以不可预测的方式重新出现，也就是马苏米所谓的"自主剩余"。而其关切数量之多，使得争取达成共识、维持政治行动的努力变得既不现实也不合理。

本书各章都在试图阐明一个观点：今天的公共空间不再是公共的地理空间，而更多的是由我们所谓的"监控空间"所构成。我们面临的挑战是如何阐明在当代公共领域的各种共享空间内出

第十章 尾声

现的新显现形式。我们在这些共享空间内聚集,使其横向拓展、以跨越和抵抗监控空间分裂性的垂直切割,并不断斗争,以塑造更强大和持久的集体身份。

一些重要的问题仍然有待解决。我们在这些差异性空间中的定位、导航、栖居是否需要借助信仰驱动的行为,从而让地面构想取代地面实况?我们需要在多大程度上放弃依赖于共同理解、共同挑战和"可被感知共同探索的景观"的人类能动性?有效的政治行动还有哪些可行的路径?空间认识论在不同社会、文化、经济现实中的分布也许比以往更加不均,这可以说是后真相时代的一个更为重要的挑战。我们如何驾驭和协调这种认识论上的不确定性,如何学会与随之而来的疑虑共处,可能将定义我们希望分享的未来与务必防止的未来。

参考文献

Agamben, Giorgio. "The Invention of an Epidemic." *European Journal of Psycho- analysis*, February 20, 2020.

Ahmed, Imran. *The Disinformation Dozen*. Center for Countering Digital Hate, March 24, 2021.

Alexander, Kim, and Keith Mills. "Voter Privacy in the Digital Age." California Voter Foundation, May 2014.

Allen, Marshall. "Health Insurers Are Vacuuming Up Details about You and It Could Raise Your Rates." *ProPublica*, July 17, 2018.

Amoore, Louise. *Cloud Ethics: Algorithms and the Attributes of Ourselves and Others*. Durham: Duke University Press, 2020.

Amoore, Louise. "Cloud Geographies: Computing, Data, Sovereignty." *Progress in Human Geography* 42, no. 1 (2018): 4–24.

Anderson, Chris. "The End of Theory: The Data Deluge Makes the Scientific Method Obsolete." *Wired*, June 23, 2008.

Anderson, Ross. "Contact Tracing in the Real World." *Light Blue Touch Paper*, April 12, 2020.

Andrejevic, M. "The Work of Being Watched: Interactive Media and the Exploitation of Self Disclosure." *Critical Studies in Media Communication*

19, no. 2 (2002): 230–248.

Arendt, Hannah. *The Human Condition*. Chicago: University of Chicago Press, 1958.

Ariely, D. *Predictably Irrational: The Hidden Forces That Shape Our Decisions*. New York: HarperCollins, 2008.

Auslander, Philip. *Liveness: Performance in a Mediatized Culture*. London: Routledge, 1999.

Ballard, J. G. "Interview on October 30, 1982." In *Re/Search*, nos. 8–9, San Francisco: ReSearch Publications, 1984.

Banks, Arron. *The Bad Boys of Brexit*. London: Biteback Publishing, 2016.

Barocas, Solon. "The Price of Precision: Voter Microtargeting and Its Potential Harms to the Democratic Process." In *Proceedings of the First Edition Workshop on Politics, Elections and Data*. New York: Association for Computing Machinery, 2012.

Barocas, Solon, and Andrew D. Selbst. "Big Data's Disparate Impact." *California Law Review* 104, no. 3 (June 2016): 671–732.

Barthes, Roland. *Camera lucida: Reflections on Photography*. New York: Hill and Wang, 1981.

Baudrillard, Jean. *Selected Writings*. Stanford: Stanford University Press, 1988. Benjamin, Ruha. *Race after Technology*. New York: Polity Press, 2019.

Benkler, Yochai. *The Wealth of Networks*. New Haven: Yale University Press, 2007.

Blanchette, Jean-François. "A Material History of Bits." *Journal of the American Society for Information Science and Technology* 62, no. 6 (2011): 1042–1057.

Bleecker, Julian, Nick Foster, Nicolas Nova, and Rhys Newman. "Convenience Newspaper." *Near Future Laboratory*, March 1, 2012.

参考文献

Bliss, Laura. "Meet the Jane Jacobs of the 21st Century." *CityLab*, December 21, 2018.

Böhlen, Marc, Varun Chandola, and Amol Salunkhe. "Server, Server in the Cloud. Who Is the Fairest in the Crowd?" Accessed September 27, 2021.

Bonnell, Jennifer. "Don River Valley Historical Mapping Project." Maps.library.utoronto.ca, 2009.

Bosker, Bianca. "SIRI RISING: The Inside Story of Siri's Origins—and Why She Could Overshadow the iPhone." *Huffington Post*, December 6, 2017.

Bowker, Geoffrey C. *Memory Practices in the Sciences*. Cambridge, MA: MIT Press, 2005.

Brecht, Bertolt. *Poems 1913-1956*. London: Methuen, 1976.

Brenner, Neil, Peter Marcuse, and Margit Mayer, eds. *Cities for People, Not for Profit: Critical Urban Theory and the Right to the City*. New York: Routledge, 2011.

Brenner, Neil, and Christian Schmid. "Towards a New Epistemology of the Urban?" *City* 19, no. 2–3 (2015): 151–182. Brockell, Gillian. "Why March 4 Matters to QAnon extremists, Leading to Fears of Another Capitol Attack." *Washington Post*, March 4, 2021.

Brown, Joe. "The Amazon Echo Is More Than a Bluetooth Speaker—It's a Bedtime Buddy." *Vox*, February 9, 2015.

Bui, Quoctrung, and Emily Badger. "The Coronavirus Quieted City Noise. Listen to What's Left." *New York Times*, May 22, 2020.

Bullinger, Jake. "Amazon's Checkout-Free Store Makes Shopping Feel Like Shoplifting." *Atlantic*, January 24, 2018.

Buolamwini, Joy, and Timnit Gebru. "Gender Shades: Intersectional Accuracy Disparities in Commercial Gender Classification." *Proceedings of Machine Learning Research* (January 2018): 77–91.

Cadwalladr, Carole. "Daniel Dennett: 'I Begrudge Every Hour I Have to

Spend Worrying about Politics.'" *Guardian*, February 12, 2017.

Cadwalladr, Carole. "Facebook Faces Fresh Questions Over When It Knew of Data Harvesting." *Guardian*, March 16, 2019.

Cadwalladr, Carole. "'I Made Steve Bannon's Psychological Warfare Tool': Meet the Data War Whistleblower." *Guardian*, March 17, 2018.

Carr, Austin. "I Found Out My Secret Internal Tinder Rating and Now I Wish I Hadn't." *Fast Company*, January 11, 2016.

Cecco, Leyland. "'Surveillance Capitalism': Critic Urges Toronto to Abandon Smart City Project." *Guardian*, June 6, 2019.

Chang, Serina, Emma Pierson, Pang Wei Koh, Jaline Gerardin, Beth Redbird, David Grusky, and Jure Leskovec. "Mobility Network Models of COVID-19 Explain Inequities and Inform Reopening." *Nature*, November 10, 2020.

Chomsky, Noam. "The Case against B. F. Skinner." *New York Review of Books*, December 30, 1971.

Chun, Wendy Hui Kyong. *Discriminating Data: Correlation, Neighborhoods, and the New Politics of Recognition.* Cambridge, MA: MIT Press, 2021.

Colbert Report. "The Word—Truthiness." *Comedy Central*. Video, 2:40. October 17, 2005.

Cole, Samantha. "AI-Assisted Fake Porn Is Here and We're All Fucked." *Vice*, December 11, 2017.

Cole, Samantha. "Lawmakers Demand Intelligence Community Release a Report on Deepfakes." *Vice*, September 13, 2018.

Confessore, Nicholas, and Danny Hakim. "Data Firm Says 'Secret Sauce' Aided Trump; Many Scoff." *New York Times*, March 6, 2017.

Connelly, Martin. "A Little Lesson in Knowledge, Courtesy of an Island That Disappeared (If It Ever Even Existed)." *Vice*, November 26, 2012.

参考文献

"Countries Are Using Apps and Data Networks to Keep Tabs on the Pandemic." *Economist*, March 26, 2020.

Crampton, Jeremy W., and John Krygier. "An Introduction to Critical Cartography." *ACME: An International Journal for Critical Geographies* 4, no. 1 (2005): 11–33.

Crary, Jonathan. *Suspensions of Perception: Attention, Spectacle and Modern Culture*. Cambridge, MA: MIT Press, 1999.

Crary, Jonathan. *Techniques of the Observer: On Vision and Modernity in the Nineteenth Century*. Cambridge, MA: MIT Press, 1990.

Crawford, Kate. *Atlas of AI: Power, Politics, and the Planetary Costs of Artificial Intel- ligence*. New Haven: Yale University Press, 2021.

Crawford, Kate. "The Hidden Biases in Big Data." *Harvard Business Review*, April 1, 2013.

Crawford, Kate, and Trevor Paglen. "Excavating AI: The Politics of Images in Machine Learning Training Sets." Accessed September 27, 2021.

Crenshaw, Kimberle. "Demarginalizing the Intersection of Race and Sex: A Black Feminist Critique of Antidiscrimination Doctrine, Feminist Theory and Antiracist Politics." *University of Chicago Legal Forum* (1989): art. 8.

Davies, William. "The Chronic Social: Relations of Control within and without Neo- liberalism." *New Formations* 84/85 (2015): 40–57.

Dawson, Alyssa Harvey. "An Update on Data Governance for Sidewalk Toronto." *Sidewalk Labs*, *Medium*, October 15, 2018.

Day, Matt, Giles Turner, and Natalia Drozdiak. "Amazon Workers Are Listening to What You Tell Alexa." Bloomberg, April 10, 2019.

de Certeau, Michel. *The Practice of Everyday Life*. Berkeley: University of California Press, 1984.

Deleuze, Gilles. "Postscript on Control Societies." *Negotiations: 1972-1990*. New York: Columbia University Press, 1995.

235

de Montjoye, Y. A., C. A. Hidalgo, M. Verleysen, and V. D. Blondel. "Unique in the Crowd: The Privacy Bounds of Human Mobility." *Scientific Reports* 3 (2013): art. 1376.

Denham, Hannah. "These Are the Platforms That Have Banned Trump and His Allies." *Washington Post*, January 11, 2011.

Desfor, Gene, Lucian Vesalon, and Jennefer Laidley. *Reshaping Toronto's Waterfront*. Toronto: University of Toronto Press, 2011.

di Feliciantonio, Cesare, Paolo Cardullo, and Rob Kitchin, eds. *The Right to the Smart City*. Bingley: Emerald Publishing, 2019.

D'Ignazio, Catherine, and Lauren Klein. *Data Feminism*. Cambridge, MA: MIT Press, 2020.

Doctoroff, Daniel. "Why We're No Longer Pursuing the Quayside Project—and What's Next for Sidewalk Labs." *Sidewalk Labs*, *Medium*, May 7, 2020.

Dourish, Paul. *The Stuff of Bits: An Essay on the Materialities of Information*. Cambridge, MA: MIT Press, 2017.

Drucker, Johanna. "Humanities Approaches to Graphical Display." *Digital Humanities Quarterly* 5, no. 1 (2011).

Ducklin, P. "The Big Data Picture—Just How Anonymous Are 'Anonymous' Records?" *Naked Security*, February 12, 2015.

Duhigg, Charles. "How Companies Know Your Secrets." *New York Times*, February 16, 2012.

Duhigg, Charles. *The Power of Habit*. New York: Random House, 2012.

Ensign, Danielle, Sorelle A. Friedler, Scott Neville, Carlos Scheidegger, and Suresh Venkatasubramanian. "Runaway Feedback Loops in Predictive Policing." In *Proceedings of the First Conference on Fairness, Accountability and Transparency (PMLR)*, 2018.

Environmental Protection Agency, Office of the Inspector General. "EPA's

Response to the World Trade Center Collapse: Challenges, Successes, and Areas for Improvement." August 21, 2003.

Fard, Ali. "Cloudy Landscapes: On the Extended Geography of Smart Urbanism." *Telematics and Informatics* 55 (2020).

Farrow, Ronan. "An Air Force Combat Veteran Breached the Senate." *New Yorker*, January 8, 2021.

Fertik, Michael, and David C. Thompson. *The Reputation Economy: How to Optimize Your Digital Footprint in a World Where Your Reputation Is Your Most Valuable Asset*. London: Piatkus, 2015.

Forrester, Jay W. *Urban Dynamics*. Cambridge, MA: MIT Press, 1969.

Forty, Richard. *Objects of Desire: Design and Society since 1750*. New York: Thames and Hudson, 2005.

Foucault, Michel. *The Birth of Biopolitics: Lectures at the Collège de France, 1978-1979*. New York: Palgrave MacMillan, 2008.

Foucault, Michel. *Discipline and Punish: The Birth of the Prison*. New York: Pantheon Books, 1977.

Foucault, Michel. *The History of Sexuality*, vol. 1. New York: Pantheon Books, 1978.

Foucault, Michel. *Society Must Be Defended: Lectures at the Collège de France, 1975- 1976*. New York: St. Martin's Press, 1997.

Foucault, Michel, Graham Burchell, Colin Gordon, and Peter Miller. *The Foucault Effect: Studies in Governmentality*. Chicago: University of Chicago Press, 1991.

Friedman, Batya, and Helen Nissenbaum. "Bias in Computer Systems." *ACM Trans- actions on Information Systems* 14, no. 3 (1996): 330–347.

Gabrys, Jennifer. *Program Earth: Environmental Sensing Technology and the Making of a Computational Planet*. Minneapolis: University of Minnesota Press, 2016.

Gandy, Oscar H. "Dividing Practices: Segmentation and Targeting in the Emerging Public Sphere." In *Mediated Politics: Communication in the Future of Democracy*, edited by W. L. Bennett and R. M. Entman. Cambridge: Cambridge University Press, 2001.

Gandy, Oscar H. "Toward a Political Economy of Personal Information." *Critical Studies in Media Communication* 10, no. 1 (1993): 70–97.

Garfinkel, Simson. *Architects of the Information Society: Thirty-Five Years of the Laboratory for Computer Science at MIT*. Edited by Hal Abelson. Cambridge, MA: MIT Press, 1999.

Gasparro, Annie, and Jaewon Kang. "Grocers Wrest Control of Shelf Space from Struggling Food Giants." *Wall Street Journal*, February 19, 2020.

Georg, Simmel. "The Metropolis and Mental Life." *Simmel on Culture*. London: Sage, 1997.

Gibbs, Samuel. "Women Less Likely to Be Shown Ads for High-Paid Jobs on Google, Study Shows." *Guardian*, July 8, 2015.

Gibney, Elizabeth. "The Scant Science behind Cambridge Analytica's Controversial Marketing Techniques." *Nature*, March 29, 2018.

Gitelman, Lisa, ed. *"Raw Data" Is an Oxymoron*. Cambridge, MA: MIT Press, 2013. Goldberg, Lewis R. "The Development of Markers for the Big-Five Factor Structure." *Psychological Assessment* 4, no. 1 (1992): 26–42.

Grassegger, Hannes, and Mikael Krogerus. "The Data That Turned the World Upside Down." *Vice*, January 28, 2017.

Greenberg, Andy. "How Apple and Google Are Enabling Covid-19 Contact-Tracing." *Wired*, April 18, 2020.

Gross, Ryan. "How the Amazon Go Store's AI Works." *Towards Data Science, Medium*, June 6, 2019.

Guattari, Félix. "Towards a Post-Media Era." *Metamute*, February 1, 2012.

Habermas, Jürgen. *The Structural Transformation of the Public Sphere: An Inquiry into a Category of Bourgeois Society*. Cambridge, MA: MIT Press, 1962.

Halpern, Orit. *Beautiful Data: A History of Vision and Reason since 1945*. Durham: Duke University Press, 2015.

Halpern, Orit, Jesse LeCavalier, Nerea Calvillo, and Wolfgang Pietsch. "Test-Bed Urbanism." *Public Culture* 25, no. 2 (2013): 272–306.

Hansen, W. G. "How Accessibility Shapes Land-Use." *Journal of the American Institute of Planners* 25 (1959): 73–76.

Haraway, Donna. *Simians, Cyborgs and Women: The Reinvention of Nature*. London: Routledge, 1991.

Harding, Luke. "The Pacific Island That Never Was." *Guardian*, November 22, 2012.

Harley, J. B. "Can There Be a Cartographic Ethics?" *Cartographic Perspectives*, no. 10 (June 1991): 9–16.

Harris, Mark. "Inside Alphabet's Money-Spinning, Terrorist-Foiling, Gigabit Wi-Fi Kiosks." *Vox: Recode*, July 1, 2016.

Harvey, David. *Rebel Cities: From the Right to the City to the Urban Revolution*. London: Verso, 2012.

Harvey, David. "The Right to the City." *New Left Review* 2, no. 53 (September– October 2008): 23–40.

Harwell, Drew. "Since Jan. 6, the Pro-Trump Internet Has Descended into infighting Over Money and Followers." *Washington Post*, January 3, 2022.

Harwell, Drew, and Abha Bhattarai. "Inside Amazon Go: The Camera-Filled Convenience Store That Watches You Back." *Washington Post*, January 22, 2018.

Hearn, Alison. "Structuring Feeling: Web 2.0, Online Ranking and

Rating, and the Digital 'Reputation' Economy." *Ephemera*, 10, nos. 3–4 (2010): 421–438.

Heaven, Will Douglas. "Predictive Policing Algorithms Are Racist. They Need to Be Dismantled." *MIT Technology Review*, July 17, 2020.

Heidegger, Martin. *The Question Concerning Technology and Other Essays*. London: HarperCollins, 1977.

Heit, Helmut. "'There are no facts...': Nietzsche as Predecessor of Post-Truth?" *Studia Philosophica Estonica* 11 (2018): 44.

Hillier, Amy E. "Redlining and the Home Owners' Loan Corporation." *Journal of Urban History* 29, no. 4 (2003): 394–420.

Hillygus, D. Sunshine, and Todd G. Shields. *The Persuadable Voter: Wedge Issues in Presidential Campaigns*. Princeton: Princeton University Press, 2008.

Holder, Josh. "Tracking Coronavirus Vaccinations around the World." *New York Times*. Accessed March 22, 2021.

Hollands, Robert. "Will the Real Smart City Please Stand Up? Intelligent, Progressive or Entrepreneurial?" *City* 12, no. 3 (2008): 303–320.

Houser, Kimberly and Debra Sanders. "The Use of Big Data Analytics by the IRS: Efficient Solutions or the End of Privacy as We Know It?" *Vanderbilt Journal of Entertainment and Technology Law* 817 (2017).

Howard, Phillip. *New Media Campaigns and the Managed Citizen*. Cambridge: Cambridge University Press, 2005.

Huang, Haomiao. "How Amazon Go (Probably) Makes 'Just Walk Out' Groceries a Reality." *Ars Technica*, April 10, 2017.

Hunt, Elle. "Trump's Inauguration Crowd: Sean Spicer's Claims versus the Evidence." *Guardian*, January 22, 2017.

Hvistendahl, Mara. "Questions Mount about Controversial Hunter Biden–China Dossier." *Intercept*, November 11, 2020

Ingram, Matthew. "Facebook's Fact-Checking Program Falls Short." *Columbia Journalism Review*, August 2, 2019.

Innes, Martin. "Control Creep" *Sociological Research Online* 6, no. 3 (2001).

Jaeger, Paul T., Jimmy Lin, Justin M. Grimes, and Shannon N. Simmons. "Where Is the Cloud? Geography, Economics, Environment, and Jurisdiction in Cloud Computing." *First Monday* 14, no. 5 (2009).

Jameson, Fredric. *Postmodernism, Or, the Cultural Logic of Late Capitalism*. Durham: Duke University Press, 1991.

Kang, Cecilia, Matthew Rosenberg, and Sheera Frenkel. "Facebook Faces Broadened Federal Investigations over Data and Privacy." *New York Times*, July 2, 2018.

Kelling, Steve, Wesley M. Hochachka, Daniel Fink, Mirek Riedewald, Rich Caruana, Grant Ballard, and Giles Gooker. "Data-Intensive Science: A New Paradigm for Biodiversity Studies." *BioScience* 59, no. 7 (2009): 613–620.

Kessler, Glenn. "Trump Made 30,573 False or Misleading Claims as President. Nearly Half Came in His Final Year." *Washington Post*, January 23, 2021.

Kitchin, Rob. "Big Data, New Epistemologies and Paradigm Shifts," *Big Data and Society* (April–June 2014): 1–12.

Kitchin, Rob. "Civil Liberties or Public Health, or Civil Liberties and Public Health? Using Surveillance Technologies to Tackle the Spread of COVID-19." *Space and Polity* 24, no. 3 (2020): 362–381.

Kitchin, Rob. *The Data Revolution: Big Data, Open Data, Data Infrastructures and Their Consequences*. London: Sage, 2014.

Kitchin, Rob, Claudio Coletta, and Gavin McArdle. "Urban Informatics, Governmentality and the Logics of Urban Control." SocArXiv, February 9, 2017.

Kitchin, Rob, and Martin Dodge. *Code/Space: Software and Everyday Life*. Cambridge, MA: MIT Press, 2011.

Kitchin, Rob, and Scott Freundschuh. *Cognitive Mapping: Past, Present, and Future*. London: Routledge, 2000.

Kitchin, Rob, and Tracey Lauriault. "Small Data in the Era of Big Data." *GeoJournal* 80, no. 4 (1980): 463–475.

Kleber, Sophie. "As AI Meets the Reputation Economy, We're All Being Silently Judged." *Harvard Business Review*, January 29, 2018.

Kluitenberg, Eric. "Affect Space—Witnessing the Movement(s) of the Squares." *Open! Platform for Art, Culture, and the Public Domain*, March 10, 2015.

Kluitenberg, Eric. "The Zombie Public: Or, How to Revive 'the Public' and Public Space after the Pandemic." *Open! Platform for Art, Culture, and the Public Domain*, September 18, 2020.

Koestler, Arthur. *The Ghost in the Machine*. New York: Macmillan, 1968.

Kofman, Ava. "Bruno Latour, the Post-Truth Philosopher, Mounts a Defense of Science." *New York Times*, October 25, 2018.

Kogan, Nicole, Leonardo Clemente, Parker Liautaud, Justin Kaashoek, Nicholas B. Link, André T. Nguyen, Fred S. Lu, et al. "An Early Warning Approach to Monitor COVID-19 Activity with Multiple Digital Traces in Near Real-Time."

Kontokosta, Constantine. "The Quantified Community and Neighborhood Labs: A Framework for Computational Urban Science and Civic Technology Innovation." *Journal of Urban Technology* 23, no. 4 (2016): 67–84.

Kościński, Krzysztof. "Facial Attractiveness: Variation, Adaptiveness and Consequences of Facial Preferences." *Anthropological Review* 71 (2008): 77–108.

Kraus, Rosalind. "Notes on the Index: Seventies Art in America."

October 3 (1977): 68–81.

Kreiss, Daniel. "Yes We Can (Profile You): A Brief Primer on Campaigns and Political Data." *Stanford Law Review* 64 (2012): 70–74.

Krivý, Maroš. "Towards a Critique of Cybernetic Urbanism: The Smart City and the Society of Control." *Planning Theory* 17, no. 1 (2018): 8–30.

Krulwich, Robert. "An Imaginary Town Becomes Real, Then Not. True Story." NPR, March 18, 2014.

Krygier, John, and Denis Wood. *Making Maps: A Visual Guide to Map Design for GIS*. New York: Guilford Press, 2016.

Kurgan, Laura. *Close Up at a Distance: Mapping, Technology, and Politics*. New York: Zone Books, 2013.

Kurgan, Laura, Dare Brawley, Brian House, Jia Zhang, and Wendy Hui Kyong Chun. "Homophily: The Urban History of an Algorithm." *e-flux*, October 4, 2019.

Kyrk, Hazel. *Economic Problems of the Family*. London: Harper, 1933.

Lapowsky, Issie. "The Man Who Saw the Dangers of Cambridge Analytica Years Ago." *Wired*, June 19, 2018.

Latour, Bruno. *Down to Earth: Politics in the New Climatic Regime*. Cambridge: Polity Press, 2018.

Latour, Bruno. "Why Has Critique Run Out of Steam? From Matters of Fact to Matters of Concern." *Critical Inquiry* 30, no. 2 (2004).

Latour, Bruno, and Steve Woolgar. *Laboratory Life: the Construction of Scientific Facts*. Princeton: Princeton University Press, 2006.

Leber, Jessica. "Beyond the Quantified Self: The World's Largest Quantified Community." *Fast Company*, April 22, 2014.

LeCun, Y., B. Boser, J. S. Denker, D. Henderson, R. E. Howard, W. Hubbard, and L. D. Jackel. "Backpropagation Applied to Handwritten Zip Code Recognition." *Neural Computing* 1, no. 4 (1989): 541–551.

LeCun, Y., L. Bottou, Y. Bengio, and P. Haffner. "Gradient-Based Learning Applied to Document Recognition." *Proceedings of the IEEE* 86, no. 11 (1998): 2278–2324.

Lefebvre, Henri. *The Production of Space*. Oxford: Blackwell, 1991.

Lefebvre, Henri. *Writings on Cities*. Oxford: Blackwell, 1996.

Lemke, Thomas. "Foucault, Governmentality, and Critique." *Rethinking Marxism* 14, no. 3 (2002): 49–64.

Lenhart, Amanda. "How Teens Hang Out and Stay in Touch with Their Closest Friends." *Teens Technology and Friendships*. Pew Research Center, August 6, 2015.

Levine, E. S., and J. S. Tisch. "Analytics in Action at the New York City Police Department's Counterterrorism Bureau." *Military Operations Research* 19, no. 4 (2014): 5–14.

Levy, Steven. "The Doctor Who Helped Defeat Smallpox Explains What's Coming." *Wired*, March 19, 2020.

Lewis, Paul, Jamie Grierson, and Matthew Weaver. "Cambridge Analytica Academic's Work Upset University Colleagues." *Guardian*, March 24, 2018.

Libby, Brian. "Quantifying the Livable City." *Bloomberg Citylab*, October 21, 2014.

Lichfield, John. "Boris Johnson's £350m Claim Is Devious and Bogus. Here's Why." *Guardian*, September 18, 2017.

Loukissas, Yanni Alexander. *All Data Are Local: Thinking Critically in a Data-Driven Society*. Cambridge, MA: MIT Press, 2005.

Lovelace, A. A. "Notes by A. A. L. [August Ada Lovelace]." In *Taylor's Scientific Memoirs*, 666–731. London, 1843.

Low, Setha, and Niel Smith. *The Politics of Public Space*. London: Routledge, 2006.

参考文献

Lowerre, B. T. "The Harpy Speech Recognition System." PhD diss., Carnegie Mellon University, 1976.

Luscombe, Richard. "Florida Scientist Says She Was Fired for Refusing to Change Covid-19 Data 'to Support Reopen Plan.'" *Guardian*, May 20, 2020.

Lynch, Kevin. *The Image of the City*. Cambridge, MA: MIT Press, 1960.

Lyotard, Jean-François. *The Postmodern Condition: A Report on Knowledge*. Minneapolis: University of Minnesota Press, 1984.

MacGillis, Alec. "Inside the Capitol Riot: What the Parler Videos Reveal." *ProPublica*, January 17, 2021.

MacMillan, Douglas, and Elizabeth Dwoskin. "The War inside Palantir: Data-Mining Firm's Ties to ICE under Attack by Employees." *Washington Post*, August 22, 2019.

Manthorpe, Rowland. "Beauty.AI's 'Robot Beauty Contest' Is Back—and This Time It Promises Not to Be Racist." *Wired UK*, March 2, 2017.

Manyika, James, Michael Chui, Brad Brown, Jacques Bughin, Richard Dobbs, Charles Roxburgh, and Angela Hung Byers. *Big Data: The Next Frontier for Innovation, Competition, and Productivity*. McKinsey Global Institute, 2011.

Marres, Noortje. "Why We Can't Have Our Facts Back." *Engaging Science, Technology, and Society* 4 (2018): 423.

Maslow, Abraham. *Toward a Psychology of Being*. New York: Van Nostrand, 1968. Massumi, Brian. *Politics of Affect*. Malden, MA: Polity, 2015.

Mathews, Stanley. *From Agit-Prop to Free Space: The Architecture of Cedric Price*. London: Blackdog, 2007.

Mattern, Shannon. *A City Is Not a Computer: Other Urban Intelligences*. Princeton: Princeton University Press, 2021.

Mattern, Shannon. *Code + Clay, Data and Dirt: Five Thousand Years of*

Urban Media. Minneapolis: University of Minnesota Press, 2017.

Mattern, Shannon. "Instrumental City: The View from Hudson Yards, circa 2019." *Places Journal*, April 2016.

Mattern, Shannon. "Post-It Note City." *Places Journal*, February 2020.

McBride, Jason. "How the Sidewalk Labs Proposal Landed in Toronto: The Backstory." *Toronto Life*, September 4, 2019.

McCarthy, Lauren. "Feeling at Home: Between Human and AI." *Immerse*, January 8, 2018.

McCulloch, Warren, and Walter Pitts. "A Logical Calculus of Ideas Immanent in Nervous Activity." *Bulletin of Mathematical Biophysics* 5 (1943): 115–133.

McCullough, Malcolm. *Ambient Commons: Attention in the Age of Embodied Information*. Cambridge, MA: MIT Press, 2013.

McCullough, Malcolm. *Digital Ground Architecture, Pervasive Computing, and Environ- mental Knowing*. Cambridge, MA: MIT Press, 2004.

Metz, Cade. "Meet GPT-3. It Has Learned to Code (and Blog and Argue)." *New York Times*, November 24, 2020.

Milbank, Dana. "By Order of Georgia Gov. Brian Kemp: The Day after Thursday Is Now Sunday." *Washington Post*, May 18, 2020.

Minsky, Marvin, and Seymour Papert. *Perceptrons; An Introduction to Computational Geometry*. Cambridge, MA: MIT Press, 1969.

Mogel, Lize, and Alexis Bhagat, *An Atlas of Radical Cartography*. Los Angeles: Journal of Aesthetics and Protest Press, 2007.

Morrison, P., and E. Morrison. *Charles Babbage and His Calculating Engines: Selected Writings by Charles Babbage and Others*. New York: Dover, 1961.

Mouffe, Chantal. "Deliberative Democracy or Agonistic Pluralism?" *Social Research* 66, no. 3 (1999): 745–758.

参考文献

Nadler, Anthony, and Lee McGuigan. "An Impulse to Exploit: The Behavioral Turn in Data-Driven Marketing." *Critical Studies in Media Communication* 35, no. 2 (2018): 151–165.

Nagel, Thomas. *The View from Nowhere*. Oxford: Oxford University Press, 1986.

Nally, Leland. "The Hacker Who Archived Parler Explains How She Did It (and What Comes Next)." *Vice*, January 12, 2021.

Narayanan, Ajjit, and Graham MacDonald. "Toward an Open Data Bias Assessment Tool: Measuring Bias in Open Spatial Data." Urban Institute, February 2019.

Narayanan, Ajjit, and V. Shmatikov. "Privacy and Security: Myths and Fallacies of 'Personally Identifiable Information.'" *Communications of the ACM* 53, no. 6 (2010): 24–26.

National Security Agency. "GHIDRA." Accessed March 15, 2021.

New York Civil Liberties Union. "City Strengthens Public Wi-Fi Privacy Policy after NYCLU Raises Concerns," March 16, 2017.

New York Civil Liberties Union. "Testimony Regarding Technology Oversight Hearing on LinkNYC," November 18, 2016.

Nickerson, David W., and Todd Rogers. "Political Campaigns and Big Data." *Journal of Economic Perspectives* 28, no. 2 (2014): 51–74.

Nietzsche, Friedrich Wilhelm. *The Portable Nietzsche*. New York: Viking Press, 1954.

Nonko, Emily. "Hudson Yards Promised a High-Tech Neighborhood—It Was a Greater Challenge Than Expected." *Metropolis*, February 5, 2019.

Nuckols, Ben. "Inaugural Crowds Sure to Be Huge—But How Huge?" Associated Press, January 19, 2017.

O'Kane, Josh. "Inside the Mysteries and Missteps of Toronto's Smart-City Dream." *Globe and Mail*, May 17, 2019.

O'Neil, Cathy. "How Algorithms Rule Our Working Lives." *Guardian*, September 1, 2016.

O'Neill, Patrick Howell. "No, Coronavirus Apps Don't Need 60% Adoption to Be Effective." *MIT Technology Review*, June 5, 2020.

Ovadya, Aviv. "Deepfake Myths: Common Misconceptions about Synthetic Media." Alliance for Securing Democracy, June 14, 2019.

Oxford Dictionaries. "Word of the Year 2016 Is..." Oxford University Press. Accessed October 1, 2021.

Pandurangan, Vijay. "On Taxis and Rainbows." *Medium*. June 21, 2014.

Pariser, Eli. *The Filter Bubble: What the Internet Is Hiding from You*. London: Penguin Press, 2011.

Parry, Richard Lloyd. "How South Korea Stopped Coronavirus in Its Tracks." *Times*, March 24, 2020.

Paul, Katie, Joseph Menn, and Paresh Dave. "In Coronavirus Fight, Oft-Criticized Facebook Data Aids U.S. Cities, States." Reuters, April 2, 2020.

Peluso, Nancy. "Whose Woods Are These? Counter-Mapping Forest Territories In Kalimantan, Indonesia." *Antipode* 27 (1995): 383–406.

Piaget, Jean. *The Construction of Reality in the Child*. New York: Basic Books, 1959.

Pietsch, Bryan, Jesse McKinley, and Ron DePasquale. "A Chaotic Vaccine Rollout and Allegations of a Cover-Up Threaten Cuomo's Perch." *New York Times*, February 16, 2021.

Piller, Charles. "Federal System for Tracking Hospital Beds and COVID-19 Patients Provides Questionable Data." *Science*, November 29, 2020.

Piller, Charles. "The Inside Story of How Trump's COVID-19 Coordinator Undermined the World's Top Health Agency." *Science*, October 14, 2020.

Poon, Linda. "How the Pandemic Changed the Urban Soundscape." *CityLab*, October 22, 2020.

Ramirez, Edith. "The Privacy Challenges of Big Data: A View from the Lifeguard's Chair." Keynote address at the Technology Policy Institute Aspen Forum, Federal Trade Commission, August 19, 2013.

"Real Lessons from Sweden's Approach to Covid-19, The." *Economist*, October 10, 2020.

Reeves, Richard, and Jonathan Rothwell. "Class and COVID: How the Less Affluent Face Double Risks." Brookings Institute, March 2, 2020.

Rider, David. "Google Firm Wins Competition to Build High-Tech Quayside Neighbourhood in Toronto." *Toronto Star*, October 17, 2017.

Robertson, Lori, and Robert Farley. "The Facts on Crowd Size." FactCheck.org, January 23, 2017.

Rocher, Luc, Julien M. Hendrickx, and Yves-Alexandre de Montjoye. "Estimating the Success of Re-identifications in Incomplete Datasets Using Generative Models." *Nature Communications* 10, no. 3069 (2019).

Roose, Kevin. "What Is QAnon, the Viral Pro-Trump Conspiracy Theory?" *New York Times*, March 4, 2021.

Rosen, R. J. "Is This the Grossest Advertising Strategy of All Time?" *Atlantic*, October 3, 2013.

Rothschild, Mike. *The Storm Is Upon Us: How QAnon Became a Movement, Cult, and Conspiracy Theory of Everything*. London: Melville House, 2021.

Rouvroy, Antoinette. "The End(s) of Critique: Data Behaviourism versus Due Process." In *Privacy Due Process and the Computational Turn: The Philosophy of Law Meets the Phi- losophy of Technology*, edited by Katja de Vries and Mireille Hildebrandt. London: Taylor & Francis, 2013.

Rowley, Jennifer. "The Wisdom Hierarchy: Representations of the DIKW

Hierarchy." *Journal of Information Science* 33, no. 2 (2007): 163–180.

Rumelhart, D. E., G. E. Hinton, and R. J. Williams. "Learning Representations by Back- Propagating Errors." In *Neurocomputing: Foundations of Research*, edited by James A. Anderson and Edward Rosenfeld. Cambridge, MA: MIT Press, 1988.

Ryle, Gilbert. *The Concept of Mind*. Chicago: University of Chicago Press, 1949.

Sartre, Jean–Paul. *The Imaginary: A Phenomenological Psychology of the Imagination*. London: Routledge, 2004.

Satariano, Adam. "How the Internet Travels across Oceans." *New York Times*, March 10, 2019.

Schemmel, Matthias. "Towards a Historical Epistemology of Space: An Introduction." In *Spatial Thinking and External Representation*, edited by Matthias Schemmel. Berlin: Max Planck Institute for the History of Science, 2016.

Schwartz, Oscar. "In the 17th Century, Leibniz Dreamed of a Machine That Could Calculate Ideas." *IEEE Spectrum*, November 4, 2019.

Sennett, Richard. *The Fall of Public Man*. New York: Knopf, 1977.

Seton, Maria, Simon Williams, and Sabin Zahirovic. "Obituary: Sandy Island (1876– 2012)." *Eos, Transactions, American Geophysical Union* 94, no. 15 (2013): 141–148.

Shafir, E. *The Behavioral Foundations of Public Policy*. Princeton: Princeton University Press, 2013.

Sidewalk Labs. "Master Innovation and Development Plan (MIDP)." *Sidewalk Toronto*, 2019.

Silver, Nate. *The Signal and the Noise: Why So Many Predictions Fail- But Some Don't*.

East Rutherford: Penguin Books, 2012.

参考文献

Simunaci, Lisa. "Tiberius Platform Aids COVID-19 Logistics, Delivery." US Department of Defense, December 16, 2020.

Singer, Natasha, and Choe Sang-Hun. "As Coronavirus Surveillance Escalates, Personal Privacy Plummets." *New York Times*, March 23, 2020.

Skinner, B. F. *Beyond Freedom and Dignity*. New York: Knopf, 1971.

Smith, Deborah R., and William E. Snell, Jr. "Goldberg's Bipolar Measure of the Big- Five Personality Dimensions: Reliability and Validity." *European Journal of Personality* 10 (1996): 283–299.

Snyder, Timothy. "The American Abyss." *New York Times*, January 9, 2021.

Sontag, Susan. *On Photography*. New York: Farrar, Straus and Giroux, 1977.

Soper, Spencer. "Amazon Will Consider Opening Up to 3,000 Cashierless Stores by 2021." Bloomberg, September 19, 2018.

Sotiris, Panagiotis. "Against Agamben: Is a Democratic Biopolitics Possible?" *Critical Legal Thinking*, March 14, 2020.

Spärck Jones, Karen. "Natural Language Processing: A Historical Review." In *Cur- rent Issues in Computational Linguistics: In Honour of Don Walker*, edited by Antonio Zampolli, Nicoletta Calzolari, and Martha Palmer. Dordrecht: Springer Netherlands, 1994.

Stanley, Jay, and Jennifer Stisa Granick. "The Limits of Location Tracking in an Epidemic." ACLU report, April 8, 2020.

Steenson, Molly Wright. *Architectural Intelligence: How Designers and Architects Created the Digital Landscape*. Cambridge, MA: MIT Press, 2017.

Suwajanakorn, Supasorn, Steven M. Seitz, and Ira Kemelmacher-Shlizerman. "Synthesizing Obama: Learning Lip Sync from Audio." *ACM Transactions on Graphics* 36, no. 4 (2017): art. 95.

Swain, John. "Trump Inauguration Crowd Photos Were Edited after He

Intervened." *Guardian*, September 6, 2018.

Temple-Raston, Dina. "Irregularities In COVID Reporting Contract Award Process Raise New Questions." NPR, July 29, 2020. Tesich, Steve. "A Government of Lies." *Nation* (January 6/13, 1992): 12–14.

Thaler, R. H., and C. R. Sunstein. *Nudge: Improving Decisions about Health, Wealth, and Happiness*. New York: Penguin, 2009.

Thompson, Clive. "QAnon Is Like a Game—a Most Dangerous Game." *Wired*, September 22, 2020.

Thompson, Derek. "What's behind South Korea's COVID-19 Exceptionalism." *Atlantic*, May 6, 2020.

Thrift, Nigel. "Intensities of Feeling: Towards a Spatial Politics of Affect." *Geografiska Annaler: Series B, Human Geography* 86 (2004): 57–78.

Tufekci, Zeynep. "Engineering the Public: Big Data, Surveillance and Computational Politics." *First Monday* 19, no. 7 (2014).

Turing, Alan "I. Computing Machinery and Intelligence." *Mind* 49, no. 236 (1950): 433–460.

Turner, Stephen P. *Liberal Democracy 3.0: Civil Society in an Age of Experts*. London: Sage, 2003.

Turow, J. *The Daily You: How the New Advertising Industry Is Defining Your Identity and Your Worth*. New Haven, CT: Yale University Press, 2011.

Vale, V. "Interview with J. G. Ballard (30 October 1982)." *Re/Search*, nos. 8–9 (1984).

Vanolo, Alberto. "Smartmentality: The Smart City as Disciplinary Strategy." *Urban Studies* 51, no. 5 (2014): 883–898.

Varnelis, Kazys. "Eyes That Do Not See: Tracking the Self in the Age of the Data Center." *Harvard Design Magazine*, no. 38 (2014).

Vincent, Donovan. "Sidewalk Labs, Waterfront Toronto to Proceed with Quayside Project, but with Significant Changes." *Star*, October 31, 2019.

Vosoughi, Soroush, Deb Roy, and Sinan Aral. "The Spread of True and False News Online." *Science* 359, no. 6380 (2018): 1146–1151.

Waterfront Toronto. "Request for Proposals: Innovation and Funding Partner for the Quayside Development Opportunity." March 17, 2017.

Waterson, Jim. "Cambridge Analytica Did Not Misuse Data in EU Referendum, Says Watchdog." *Guardian*, October 7, 2020.

Weizenbaum, Joseph. *Computer Power and Human Reason: From Judgment to Calculation*. London: W. H. Freeman, 1976.

Whyte, William H. *The Social Life of Small Urban Spaces*. Washington, DC: Conservation Foundation, 1980.

Williams, Dan. "Israel to Halt Sweeping COVID-19 Cellphone Surveillance Next Month." Reuters, December 17, 2020.

Williams, Sarah, Wenfei Xu, Shin Bin Ton, Michael J. Foster, and Changping Chen. "Ghost Cities of China: Identifying Urban Vacancy through Social Media Data." *Cities* 94 (2008): 275–285.

Wingfield, Nick. "Inside Amazon Go, a Store of the Future." *New York Times*, January 21, 2018.

Wodinsky, Shoshana. "Experian Is Tracking the People Most Likely to Get Screwed Over by Coronavirus." *Gizmodo*, April 15, 2020.

Wong, Edward. "Trump Has Called Climate Change a Chinese Hoax. Beijing Says It Is Anything But." *New York Times*, November 18, 2916.

Woods, Heather Suzanne. "Asking More of Siri and Alexa: Feminine Persona in Service of Surveillance Capitalism." *Critical Studies in Media Communication* 35, no. 4 (2018): 334–349.

"World's Most Valuable Resource Is No Longer Oil, But Data, The." *Economist*, May 6, 2017.

Wylie, Bianca. "Smart Communities Need Smart Governance." *Globe and Mail*, December 5, 2017.

Wyner, G. "Behavioral Economics: A Marketing Capability." *Marketing News* 50, no. 10 (2016), 34–36.

Yankelovich, Daniel, and David Meer. "Rediscovering Market Segmentation." *Harvard Business Review* 84 (January 2006): 122–131.

Yong, Ed. "The U.K.'s Coronavirus 'Herd Immunity' Debacle." *Atlantic*, March 16, 2020.

Youyou, Wu, Michal Kosinski, and David Stillwell. "Computer-Based Personality Judgments Are More Accurate Than Those Made by Humans," *Proceedings of the National Academy of Sciences* 112, no. 4 (2015): 1036–1040.

Zuboff, Shoshana. *The Age of Surveillance Capitalism*. New York: Public Affairs, 2019.

致　谢

这本书的灵感来源于一系列事件。有些事件，如书中提到的那些，可能会对未来世界产生令人不安的影响；而另一些事件则能鼓舞人心，因而值得庆贺。每本书的出版都是无数人努力的结果，是一次巨大的挑战，我们都需要充分而适当地意识到这一点。因此，我在此对许多直接、间接参与本书工作的人致以衷心感谢，并为可能出现的任何遗漏深深致歉。

首先，我要感谢伊芙·布劳（Eve Blau）在2016年邀请我参加哈佛大学拉德克利夫高级研究所的一项名为"城市多媒体：体验与信息之间的城市"的研讨会。我的演讲主要关注城市研究中偏见的变化，从观察工具到观察环境的转变，并研究了我们看到的东西是如何被我们看到的方法所制约的，以及这种制约是如何在从代表实践到互动和沉浸式实践的转变中发生变化的。本书的一些关键想法可以追溯到这次研讨会。非常感谢哈佛大学的伊芙、朱莉·巴克勒（Julie Buckler）和埃里克·盖诺鲁（Erik Ghenolu）组织了这次具有促进作用的活动，也感谢其他参与者，如奥里特·哈尔彭、迪特马尔·奥芬胡伯（Dietmar Offenhuber）、凯瑟琳·迪格纳齐奥（Catharine D'lgnazio）、罗伯·莫斯（Robb Moss）、彼得·加利森（Peter Galison）、劳拉·弗雷姆（Laura Frahm）和罗伯特·皮特鲁斯科（Robert Pietrusko），他们的批评意见和建议促进了本书的产生。我在此次研讨会上发表的演讲随后发展成为由凯瑟琳·威利斯（Katharine Willis）和亚历山德罗·奥里吉（Alessandro Aurigi）于 2020 年出版的《智能城市的劳特利奇指南》（*Routledge Companion to Smart Cities*）中的一章，并成为本书第六章"从工具到环境"的基础。

2019 年秋天，我是麦道尔艺术村的常驻艺术家，住在新罕布什尔州彼得伯勒郊区的森林小屋里，本书的大部分研究和初步写作都是在那里完成的。我很感谢我许多同事的洞察力和灵感，他们慷慨地对本书提供了反馈，包括伊丽莎白·康顿（Elisabeth Condon）、埃尔南·迪亚兹（Hernan Diaz）、亚历克斯·埃斯皮诺萨（Alex Espinoza）、麦肯齐·芬克（McKenzie Funk）、艾姆·戈德曼（Em Goldman）、萨曼莎·约翰斯（Samantha Johns）、杰米·洛维（Jamie Lowe）、瑞安·路德维希（Ryan Ludwig）、罗德里戈·马丁内斯（Rodrigo Martinez）、伊迪·梅达夫（Edie Meidav）、特里·奥莱利（Terry O'Reilly）、杰夫·沙莱（Jeff Sharlet）、诺亚·斯奈德（Noah Sneider）和埃德·伍德汉姆（Ed Woodham）。我特别要感谢布莱克·图克斯伯里（Blake Tewksbury），他是麦道尔艺术村的核心人物，我每天都期待着他把午餐篮子送到我的工作室，他温暖的微笑为我的写作带来了稳定而舒适的节奏。

第三章的"数据倦怠"和第五章"假性相关"，在麦克莱恩·克拉特（McClain Clutter）组织的关于"谵妄数据"的小组讨论中提出，该讨论是在建筑学院协会第 107 届年会的黑箱会

致　谢

议"在后数字时代阐明建筑的核心"中进行的。这归功于克拉特在为该小组讨论撰写的提案征集中创造了"数据倦怠"以及"统计意象"这两个术语。（不过，本书对这些术语的误读，责任全在我）。感谢小组成员布里特·艾弗索（Britt Eversole）、布列塔尼·厄廷（Brittany Utting）和丹尼尔·雅各布（Daniel Jacobs）、丽贝卡·史密斯（Rebecca Smith）和奥利弗·波帕迪奇（Oliver Popadich），感谢他们富有激励性的对话与讨论。

非常感谢道格·塞里（Doug Sery）对这个项目的早期支持，感谢诺亚·J. 斯普林格（Noah J. Springer）的见证，以及麻省理工学院出版社团队的其他成员使之成为现实：莉莲·杜纳（Lillian Dunaj）、朱迪·费尔德曼（Judy Feldmann）、贝弗利·米勒（Beverly Miller）、玛姬·安康明达（Marge Encomienda）、肖恩·赖利（Sean Reilly），以及杰西卡·佩琳（Jessica Pellien）。亚当·雅各布·莱文（Adam Jacob Levin）阅读了本书的早期手稿，我对他的洞察力和深思熟虑的评论深表感谢。感谢卡齐斯·瓦内利斯（Kazys Varnelis）、莫莉·赖特·斯汀森（Molly Wright Steenson）和雅尼·卢基萨斯（Yanni Loukissas）在提案阶段的支持，一并感谢四位匿名审稿人，他们的意见充分反映出他们对项目的真诚参与，有助于使本书变得更好。

本书的出版得到了格雷厄姆美术高级研究基金会的慷慨支持。

感谢纽约州立大学布法罗分校的支持，自 2005 年以来，我一直在布法罗分校建筑与媒体研究系任教。我非常感谢建筑与规划学院和建筑系提供的资助。我还感谢伦理人工智能工作组（Ethical AI Working Group）的同事们，他们曾就本书中关于算法偏见的一些论点提出了很多宝贵意见：阿特里·鲁达

（Atri Ruda）、瓦伦·钱德拉（Varun Chandola）、马修·博尔顿（Matthew Bolton）、肯尼·约瑟夫（Kenny Joseph）、乔纳森·马内斯（Jonathan Manes）。这本书中讨论的许多实践都是在回顾我在这两个系的工作室和研讨会工作时，通过与同事的对话了解到的。多年来，我感谢我的同事，包括奥马尔·汗（Omar Khan）、特雷博尔·斯科尔斯（Trebor Scholz）、马克·伯赫仑（Marc Böhlen）、哈达斯·施泰纳（Hadas Steiner）、乔丹·盖格（Jordan Geiger）、保罗·瓦努斯（Paul Vanouse）、斯蒂芬妮·罗森伯格（Stephanie Rothenberg）、佩奇·萨林（Paige Sarlin）、尼克·布鲁西亚（Nick Bruscia）、乔伊斯·黄（Joyce Hwang）、埃尔金·奥扎伊（Erkin Ozay）、杰森·盖斯特韦特（Jason Geistweidt）、安德鲁·利森（Andrew Lison）和玛格丽特·李（Margaret Rhee）。我也感谢这些年来我有幸指导的博士生，包括莱昂纳多·阿兰达·布里托（Leonardo Aranda Brito）、德里克·柯里（Derek Curry）、肖恩·范艾尔（Shawn Van Every）、斯科特·菲茨杰拉德（Scott Fitzgerald）、詹妮弗·格拉德基（Jennifer Gradecki）和马尼·梅尔瓦尔兹（Mani Mehrvarz）。在这个不确定的时代，这些学生为我们的工作带来希望与勇气，也让我们对接下来的事情感到安心。

这本书献给我的父母，我的母亲苏珊在我开始这个项目之前去世，我的父亲罗伯特又在初稿完成时去世，这是我一生中最具挑战性的时期之一。在这一时期，我的女儿出生了（这本书是献给她的），为我带来了无比的欢乐，让我在疫情肆虐下度过了一个寒冷的冬天，也完成了这本书的大部分内容。如果没有我妻子安东尼娜坚韧不拔的精神和不屈不挠的支持，这一切都是不可能的，我对她的感激之情难以言表。